O Livro Encarnado de
SÃO CIPRIANO

Coleção
ALÉM DA IMAGINAÇÃO ~ 7

10ª edição
4ª reimpressão

Rio de Janeiro
2014

Produção editorial
Pallas Editora

Preparação de originais
Gisele Barreto Sampaio

Revisão
Ieda Raro Schmidt
Wendell S. Setúbal

Capa
Renato Martins

Todos os direitos reservados à Pallas Editora e Distribuidora Ltda. É vetada a reprodução por qualquer meio mecânico, eletrônico, xerográfico etc., sem a permissão por escrito da editora, de parte ou totalidade do material escrito.

CIP-BRASIL. CATALOGAÇÃO-NA-FONTE.
SINDICATO NACIONAL DOS EDITORES DE LIVROS, RJ.

L762 10ª ed. 4ª reimp.	O livro encarnado de São Cipriano / [coordenação de] Maria Helena Farelli. – Rio de Janeiro : Pallas, 2014. ISBN 978-85-347-0265-2 I. Feitiçaria. I. Farelli, Maria Helena.
96-0096.	CDD 133.43 CDU 133.4

Pallas Editora e Distribuidora Ltda.
Rua Frederico de Albuquerque, 56 – Higienópolis
CEP 21050-840 – Rio de Janeiro – RJ
Tel./fax: (021) 2270-0186
www.pallaseditora.com.br
pallas@pallaseditora.com.br

Sumário

PARTE I
A vida de São Cipriano 7
PARTE II
Encantos, tesouros e rezas fortes da Antigüidade 15
PARTE III
São Cipriano no Cairo e a revelação da grande bruxaria egípcia   25
PARTE IV
Como Cipriano enganou a todos os bruxos da Babilônia 33
PARTE V
A feiticeira de Évora, a mais poderosa das bruxas 41
PARTE VI
Como prever o futuro 53
PARTE VII
As previsões de São Cipriano 65
PARTE VIII
As cruzes dos bruxos, segredo de Cartago e da Grécia 77

PARTE IX
Cipriano entre os egípcios seguidores da deusa Ísis 89
PARTE X
Correntes e feitiços negros comumente usados por São Cipriano . 97
PARTE XI
O célebre encontro de Cipriano com Gregório 107
PARTE XII
As orações-chave da felicidade 113
PARTE XIII
Medicina caseira 125
PARTE XIV
Secretíssimos ensinamentos dos magos a Cipriano 129

PARTE I

A vida de São Cipriano

Extraída do Flor Sanctorum *ou da* Vida de Todos os Santos

Cipriano, chamado "o feiticeiro", nasceu na Fenícia. No dia de seu nascimento, um Anjo Negro apareceu no alto de um monte da Síria, predizendo algo de assombroso.

Filho de pais abastados e fiéis ao paganismo, pôde Cipriano aprofundar-se nos estudos das Ciências Ocultas, da Alta Magia que era praticada nos templos gregos e em toda a Asia Menor.

Viajou por toda esta região, consultando oráculos gregos e aprendendo tudo sobre as práticas pagãs anteriores ao Cristianismo, principalmente, pela Fenícia, a terra dos magos, bruxos e sábios.

Cipriano era, desde a mais tenra idade, dotado de dons divinatórios, e, por essa razão, seus mestres o instruiram para o serviço das falsas divindades, fazendo-o conhecer a ciência dos sacrifícios, de touros e bichos de quatro pés, e de todas as oferendas que se faziam aos ídolos, de modo que ninguém, a não ser ele, tinha tão profundo conhecimento dos profanos mistérios do bárbaro credo do gentio.

Na idade do homem, isto é, aos 30 anos, fez ele a sua primeira viagem ao estrangeiro, à Babilônia dourada, para aprender a astrologia e os mistérios dos astros, nas mãos dos caldeus, que viviam nos vales do Tigre e do Eufrates.

Aos poucos, Cipriano deu-se inteiramente ao estudo da magia. Conheceu a teurgia, a magia negra, aprendeu a riscar os signos do bem e do mal, e deu vazão à sua iniqüidade. Destarte, entregou-se ao estreito comércio com os demônios Baal e Baalzebul, e, ao mesmo tempo, passou a ter uma vida irregular, dissoluta, motivo de escândalo para seus pais e seus parentes. Mas o dia de glória de Cipriano estava para chegar. Foi quando aprendeu a riscar o *Círculo Mágico das Invocações*. Numa explosão de pólvora o demônio apareceu, e à luz negra da lua revelou a Cipriano a verdade da *Magia Negra*. Ele era então, Cipriano, o *Grande Feiticeiro*.

Mas um verdadeiro cristão, chamado Eusébio, que aprendera com Pedro de Andaluzia os mistérios do cristianismo nascente, estava para aparecer na vida escandalosa de Cipriano. E, ao surgir, ele modifica todo o pensamento do sábio mago.

Eusébio procurou Cipriano e fê-lo ver a caluniosa e escandalosa vida que levava, mas Cipriano gargalhou na cara desse mago branco. Eusébio procurou tirá-lo do abismo em que se metera, mas não só Cipriano não aceitou as suas palavras, como procurou valer-se de engenhos infernais para atacar o pobre e manso Eusébio. E, quando Eusébio saiu, cabisbaixo, da suntuosa casa de Cipriano, uivos e pregões de zombaria se fizeram ouvir. Eram os anjos negros que riam dele. Desde então, Cipriano passou a perseguir os cristãos. Onde os via, rezando, com suas vestes brancas, ria e exortava os demos contra eles. Soltava seus cães pretos em cima deles. Ridicularizava-os. Mas ele próprio iria ser tocado pela Verdade. Um dia, ele também seria cristão...

Vivia em Antioquia uma donzela belíssima chamada Justina. Rica e bela, esta santa menina dedicava-se à fé. Seu pai, Edeso, e sua mãe, Sória, a educaram com carinho, mas não aceitavam a sua fé cristã.

Cipriano, vendo-a, apaixonou-se, mas, ao saber que era cristã, ficou revoltado. E, com a ajuda de seus demos, resolveu que a teria só para si, prostrada, entregue, longe da fé que abraçara. Quão errado ele estava. Elvira Justina, assim era seu nome todo, estava além do mal, sua fé a protegia. E foi Cipriano quem se converteu...

Justina, não aceitando as propostas de amor de Cipriano, ainda por cima se deu em amores puros a Aglaide, jovem belo e não pagão. Mas a revolta de Cipriano foi total. Resolveu dominar Aglaide, enciumado e cheio de ódio. E para isto valeu-se das suas artimanhas diabólicas. Riscou, num dia de lua vermelha nos céus, o círculo que chamava o demo. E só a lua foi testemunha deste pacto. Mas Justina, a jovem donzela, não se tornou impura, mesmo com a força da Magia Negra. Ervas mágicas foram, então, a arma do bruxo, e óleos santos, mas de nada valeram. Justina continuou negando-se a Cipriano. Então, ele rendeu-se ao seu amor. E por ela foi abdicando a todos os falsos ídolos, a toda a iniquidade.

E, nas catacumbas romanas, Cipriano obteve a fé cristã. Lá, entre cantos e aleluias, converteu-se. Voltando para casa, destruiu os ídolos, o punhal de prata da Alta Magia, os talismãs e os encantos. Afirma o próprio Cipriano (não confundir com São Cipriano de Cartago) que, "adorando o verdadeiro Deus, sentiu seu coração tocado veementemente". Esta afirmativa está em suas Confissões. E desde sua ascensão ao amor e à fé cristã, Cipriano começou a fazer verdadeiros milagres, que assustavam a todos por seus prodígios. Cipriano, desde então, repartiu com os pobres os bens que possuía e viveu santamente. Mas sua morte já estava próxima.

Nos caminhos do Senhor andava Cipriano, já então sentindo como era bela a vida dos que amavam a Verdade. Via o povo nas igrejas rezando e lá entrava. Muitos, que conheciam o Cipriano de antes, admiravam-se de que tal feiticeiro se introduzisse na Igreja, sagrado congresso. Mas, observando bem, via o povo que Cipriano era outro homem. Então, passou a viver em sacrifício, em penitências diárias e com a cabeça coberta de cinzas, jejuando na Igreja e cantando salmos. Para se humilhar e resgatar sua antiga arrogância, pediu emprego de varredor numa grande Igreja na Fenícia. Lá passava seus dias, adorando as santas com coroas douradas e mantos de arminho...

Mas, visto que certa manhã o imperador mandara que todos os cristãos abandonassem as igrejas para trabalharem em prol do governo, pois uma grande guerra se aproximava,. Cipriano iniciou uma pregação contra os soberanos. A um passo da morte ele estava e não sabia. Lá do alto do monte, o Anjo Negro ria, gargalhava, prevendo o que aconteceria...

Não tardou muito que Cipriano fosse preso, por ordem das autoridades imperiais. Como era costumeiro em tais casos, foi levado perante o tribunal. Lá, o procônsul ordenou-lhe que prestasse adoração e queimasse incenso e mirra aos ídolos para provar que sua fé era a pagã. Assim, estaria livre para depois dedicar-se aos deuses do Império Romano, que dominavam todo o mundo antigo.

Como todo verdadeiro cristão, Cipriano recusou-se.

Também sua amada Justina foi presa na mesma ocasião e levada para o tribunal.

Cipriano quando ainda jovem sendo iniciado na Magia Negra.

Seu comportamento foi idêntico ao de São Cipriano. Por isso, entregues à maldade dos carrascos, foram ambos torturados, mas o suplício não surtiu qualquer efeito. Eles sorriam, nem parecia que sentiam dores. Três vezes foram torturados, e nada sofreram. Até que o procônsul, irritado, mandou que decapitassem os dois mártires, para servirem de exemplo aos que não adoravam Júpiter e Minerva, os deuses maiores do paganismo romano.

Cipriano e Justina foram degolados em praça pública. Anos mais tarde, os restos de São Cipriano foram colocados na Igreja de São João de Latrão, em Roma, por ordem do então imperador romano, já cristão ele também. Sua morte ocorreu a 6 de outubro de 280. E, desde aquele ano, o povo de todo o mundo ocidental crê em Cipriano, pelo seu poder de magia e bondade, pela sua fé, símbolo da indiferença construtiva dos grandes mártires.

Rei na Magia Negra, sábio conhecedor dos poderes dos ídolos antigos, São Cipriano, ao converter-se, obteve o perdão de suas falhas e hoje é invocado por muitos e adorado por milhares de outros. Mas sua vida, símbolo do bem e do mal que há em cada um de nós, ficou na História, nas lendas dos homens.

PARTE II

Encantos, tesouros e rezas fortes da Antigüidade

Antes de quaisquer trabalhos de Magia, deve o iniciado fazer esta reza. Ela abre os caminhos, fecha o corpo às más influências e tem o dom de não deixar que algo interrompa os trabalhos de negra ou branca magia. E a fabulosa *Oração das Horas Abertas*.

Não ensine esta reza. Ela é pessoal. Assim como não empreste este livro – ele fica impregnado de suas vibrações.

Oração das Horas Abertas

(Para o meio-dia)

Ó Virgem dos céus sagrados,
Mãe do Nosso Redentor,
Que entre as mulheres tens a palma,
Traze alegria à minha alma,

Que geme cheia de dor.
E vem depor nos meus lábios
Palavras de puro amor,
Em nome do Deus dos Mundos
E também do Filho Amado,
Onde existe o sumo bem.
Sê para sempre louvada
Nesta hora bendita – Amém.

Reza da Trindade

(Para as três horas da tarde)

A Santíssima Trindade me acompanhe
Em toda a vida na Terra.
Sempre me guarde do mal,
De mim tenha piedade.
O Padre Eterno me ajude,
O Filho, a bênção me lance,
O Espírito Santo me alcance.
Proteção, honra e virtude,
Em vez do mal, faça-se em mim.
A Santíssima Trindade
Me ilumine e acompanhe nesta hora e sempre.
Amém.

(Para as seis horas)

Nesta hora de grande vibração,
Quando os pássaros cantam, procurando os ninhos,
Quando os trabalhadores deixam o arado e os campos
E o homem da cidade volta também para casa,
Minha Mãe, *Sublime Mistério*,

Sê a minha medianeira,
Sê a minha Esperança,
E mostra-me o caminho da Verdade,
Maria, *Sublime Mistério,*
Ajuda-me a ser bom,
Protege-me na hora das aflições, da rotina, das lutas,
Pela força da *Trindade,* ó Mãe,
Maria Medianeira.

(Para a perigosa hora da meia-noite)

Nesta hora perigosa,
Ó Anjo de minha guarda,
Gênio Protetor que me acompanha,
Me livre das visões
Do mal, sonho aterrador,
Com Deus eu me deito,
Com Deus eu me levanto.
Com a graça de Deus
E do Espírito Santo. Amém.

Relação dos tesouros escondidos pelos grandes bruxos

São vinte e seis tesouros. 2 + 6 = 8 = Cabala da Fortuna:

1. Na Ilha do Ceilão, há um grande segredo perdido nos tempos. Está na região de Sigíria, em umas escadarias que conduzem a um grande buraco. Este buraco mede 15 x 15 cm e tem um tesouro enterrado em pedras preciosas, ouro e prata antiga. Só com o desencantador de tesouros pode ser desenterrado.

2. Ao Sul de Arequipa, no Peru, o rochedo Ylo traz uma inscrição que fornece a chave mágica para desenterrar o tesouro ali oculto; diz esta inscrição que Cipriano mandara lá colocar um tesouro, no ano 260. A inscrição diz ainda: "A porta da entrada secreta do *Socoban*, ou túnel que leva aos mistérios do ouro do mundo antigo e mágico, está aqui escondida. Só os grandes médiuns podem encontrá-la."

3. No castelo branco dos celtas, na França, há outro fabuloso tesouro enterrado. Vendo a entrada do castelo, podemos 1er a inscrição: "Um tesouro em barras de ouro e marfim aqui está – mas só um médium forte pode tocá-lo."

4. No Castelo de Castro, onde a famosa Inês vivia, encontra-se um forro falso e, lá embaixo, um tesouro de telhas de ouro.

5. Na Fonte da Soalheira, por baixo da fonte, nove passos, está uma arca enterrada, onde há um asado de moedas de ouro puríssimo.

6. Na Fonte da Moura, em Portugal, a 25 passos da fonte, há um asado de ouro.

7. Na Fonte Frasque, por cima da nascente, há um grande cofre de jóias.

8. Na Fonte do Navalho, em Coimbra, há um terço de ouro, um punhal de safiras e nove arcas de prata.

9. Na Ilha da Páscoa, "umbigo do mundo", embaixo das grandes carantonhas de pedra, há tesouros inimagináveis.

10. No Castelo de Sírio, ao pé da fonte branca, há dois tornos de ouro, anéis de diamantes e coroas de cobre antigas, com inscrições mágicas.

11. Na Fonte dos Lamas acharão um penedo e, por baixo dele, um seixo branco; lá está o grande tesouro perdido de Latão.

12. Embaixo do altar do oratório do Castelo Morinho há 13 arcas de ouro e basalto.

13. No entalhe da Fonte de Andaluzia há anjos de ouro e pé de projeção dos alquimistas.

14. Nas fragas velhas, onde havia antigamente água que curava, fica a cadeira de um rei poderoso, toda em ouro. Cipriano a mandara esconder lá por um chefe mouro, de barbicha.

15. Na Fonte da Rainha, em Portugal, existe um fojo, 18 passos ao norte, e lá um caixão verde coberto de esmeraldas e safiras.

16. Na Fonte do Valongo, há bens e riquezas incontáveis. Justina mandara buscar para distribuí-los aos pobres, mas não conseguiu seu intento.

17. Na Porta do Sol, dos incas, há tesouros por baixo.

18. O *Eldorado*, na Amazônia, é onde estão os maiores tesouros da Terra. Mas só com a *Chave de Salomão* podem ser encontrados.

19. Na Flórida, está a fonte da juventude.

20. Na Ilha Biminni há outra fonte, mas só os sábios podem tocá-la.

21. Nas construções de pedra seca dos *Brochs*, na Escócia, há tesouros incríveis. Gigantesco soquete de pedra todo em ouro está lá oculto. Os que adoram os diabos podem encontrá-lo.

22. No Castelo de Quinilipy, na comuna de Baud, está uma Vênus toda em ouro puro, com 60 metros de altura.

23. Dentro do Riacho de Blavet há a estátua de uma mulher, em prata pura.

24. No caminho debaixo do Canacho há velas e coroas de ouro puro.

25. Na Fonte do Rego, em Portugal, há inúmeras riquezas.

26. No Penedo Salgoso há uma muralha de ouro e prata, mas ninguém, a não ser com o desencantador de tesouros, a pode encontrar.

Grã-talismã Mão da Glória, vindo da bruxaria européia no tempo da Idade Média. Dizem que tem poderes de atrair dinheiro.

PARTE III

São Cipriano no Cairo e a revelação da grande bruxaria egípcia

No Cairo, São Cipriano encontrou a maior quantidade de médiuns e magos, adivinhos e astrólogos, feiticeiros e qui- romantes. Ali havia uma enorme variedade de bruxos segundo seu ofício, a despeito do desagrado e da restrição dos governantes, que sempre lhes proibiram o exercício da profissão. Apesar de Cipriano ter antipatizado com alguns, verdadeiros charlatães, com outros ele trabalhou e aprendeu grandes prodígios. Um desses será revelado – o mais secreto.

Mergulhando no mundo árabe, Cipriano ouviu imprecações. E libertou-se das amarras que o prendiam à Terra... Esta imprecação é a seguinte:

Reza dos sete pedidos ao mago do Cairo

Pela força do sol, abram-se os meus caminhos.
Pela luz da lua, eu seja fértil.

Pela luz da Estrela Vésper, eu tenha saúde e boa cabeça.
Pela força de Marte, eu seja um guerreiro vencedor.
Pela luz das estrelas, eu veja sempre os meus inimigos que queiram pegar-me de surpresa.
Pela força de Cipriano e sua vara mágica, eu tenha sempre um teto, boa comida e alento.
Pela graça de Deus, eu seja um forte, um vencedor de demanda.

O feiticeiro que fez esta estranha reza tornou-se amigo de Cipriano e ditava sempre suas invocações a esse Santo Homem. Ao caminharem juntos pelas ruas do Cairo, ouvindo o som dos fantasmas andando nas pedras antigas, Mago Eulim disse, também: "Cipriano, a força da arruda é grande. Usada, ela faz com que a inveja não destrua a boa vida de quem é invejado, e a guiné atrai forças benéficas."

Atravessando um complicado labirinto de ruas tortuosas e feias, o sol e a lua, ao penetrarem por elas, faziam um jogo de luzes e sombras. Cipriano, então, falou: "Assim é o ser humano: sombra e luz. Assim é tudo que existe, claridade e trevas..."

Nas colinas de Mokatan, São Cipriano fez a grande Cruz dos Feiticeiros. Ela é pontiaguda, ilumina os que trabalham em Magia. É forte como a bruxaria do Cairo.

Hino ao Sol

Já desponta o astro do dia. Neste momento em que a luz começa a renascer, em que o astro rei lava a Terra, inunda tudo de luminosidade e vida, imploremos a Deus, de joelhos, a paz. Peçamos-lhe que nos atos deste dia sejamos preservados de todo o mal. Ponha um freio à nossa língua, para nos guardar da nódoa das discórdias. Cubra nossos olhos com o véu de Isis, para nos livrar das vaidades.

Guarde-nos bem puro o íntimo de nosso coração. Sejam afastadas de nós as seduções deste mundo. Que ninguém que precise de nós no dia de hoje saia sem receber ao menos um sorriso. E que o orgulho de nossa carne seja dominado pela abstinência e pela sobriedade.

Assim, quando o dia chegar ao seu declínio e cair sobre a Terra o véu das trevas, quando a areia do deserto estiver coberta pelas nuvens da noite e a esfinge despertar de seu sono para namorar a lua, estejamos nós conservados puros e possamos cantar um hino de amor a Deus. Glória ao Pai, ao Filho e ao Espírito Santo. Amém.

Assim, pelas ruas do Cairo, vendo o esplendor antigo do Egito, Cipriano aprendeu que há diversas rezas e invocações capazes de:

1º) Rogar a Deus pelos bons espíritos.

2º) Esconjurar espíritos maus.

3º) Curar moléstias cujas causas sejam espirituais, e também feitiços e diabruras.

4º) Descobrir tesouros enterrados e fantasmas que conhecem a chave desses segredos.

5º) Fechar o corpo para que nele não enterrem maus espíritos e obsessores.

Ao ser santificado, São Cipriano proferiu esta reza poderosa e boa:

Benedic

Bendize minha alma ao Senhor, e tudo quanto vive em mim bendiga ao Senhor dos Mundos. Minha alma deseja a paz e a Verdade, que é como um sino soando no mundo. Que eu jamais me esqueça que é dando que se recebe, e que tudo o que vive, vibra e se harmoniza na grandeza da Vida. Amém.

O símbolo da magia alquímica.

PARTE IV

Como Cipriano enganou a todos os bruxos da Babilônia

Victor Siderol era um pobre lavrador na aldeia de Cort, próxima a Paris, muito inteligente e astuto. Apesar disso, porém, não apreciava muito o trabalho. Preferia passear pelas terras, ver os pássaros, em vez de lavrar e colher. Esquecera-se de que "comerás o pão só pelo suor de teu rosto".

Sua colheita era diminuta. E seus companheiros chamavam-no de tolo e até de louco. Sentindo-se aviltado, saiu para longe de suas terras e começou a sentir grande mal-estar. E, sendo impelido por uma força estranha, Siderol gritou: "Aqui fiquem o arado e meus bois e aqui fique a sementeira. Eu nada quero da terra, que ela fique para os demônios." E um estrondo se fez. Numa coluna de enxofre, os tinhosos surgiram. E deram-lhe um livro. Eram os prodígios do diabo, famosos textos da revelação do mal e das terras trevosas.

Neste livro negro, Siderol aprendeu sete feitiços. Cada um deles é agora relatado. Só os utilize, leitor, quando realmente precisar.

Feitiço para fechar a morada à entrada de inimigos ocultos

Toma-se uma chave de aço pequena, deita-se em água de arruda e de espada-de-são jorge e faz-se a invocação da casa verde: "A casa verde dos gnomos lance sobre ti a paz. Que o que esta chave feche nada de mal abra. Que quem a carregue, pela força da água, do fogo, da terra e do ar, seja protegido de bala, de ferro, de aço de punhal, da inveja e da maldade."

Segredo da água do mar para limpar a casa de malefícios

Pega-se na praia um pouco de água do mar, numa garrafa branca e bem limpa. A seguir, leva-se a garrafa com a água do mar para dentro de casa e, começando do fim da casa para o início, vai-se jogando esta água nos cantos de cada quarto e de cada sala, dizendo: "Assim como a água apaga o fogo, assim como o mar é sagrado, eu afasto daqui tudo o que não seja limpo e bom. Amém."

Feitiço para atrair a pessoa com quem se deseja casar

Sete rosas vermelhas, uma garrafa de mel, uma vela de brancura imaculada. Leva-se tudo a uma encruzilhada, onde as rosas são colocadas, abre-se o mel e acende-se a vela, dizendo: "Fulano (o nome da pessoa com quem se quer casar), assim como as rosas são rubras, rubro será o seu coração para mim. Fulano, assim como o mel é doce, você sentirá doce a minha voz e o meu amor. Fulano, assim como eu acendo esta luz, ilumino o seu caminho para chegares até a mim."

Mágica do trevo de quatro folhas para ganhar fortuna

Pega-se um trevo de quatro folhas verdinho e lava-se em água de três procedências: do mar, da cachoeira e da chuva. A seguir, coloca-se este trevo junto a uma pedreira e diz-se: "Pelas sete pragas, pelas sete maravilhas, que eu de posse deste trevo ache a fortuna."

Usa-se este trevo na carteira, sem que alguém saiba, a não ser gente de confiança. Cipriano sabia que as nossas coisas ficavam impregnadas de nossas vibrações. Assim, ninguém deve usar, levar para casa ou ficar com nossas coisas de uso, pois é com elas que os feiticeiros agem contra as pessoas. Unhas, cabelos, restos de roupa ou de comida não se devem deixar na mão de estranhos. É por elas que o magnetizador trabalha.

Reza do gato preto

(Aprendida também pelos ciganos Roms)

Os ciganos, qual filhos de Caim, espalharam-se pelo mundo. Diz Cipriano que eles nasceram na Índia, e que foram de lá expulsos, vindo para o resto do mundo. Cipriano trabalhava com as mãos em garra como os ciganos e com eles aprendeu o segredo das cartas, da visão e do hipnotismo.

Os ciganos fogem dos gatos, principalmente os pretos. Por quê? Devido à reza do gato preto.

"Gato preto, que tens sete vidas, pela força de tua magia, que eu seja esperto e ladino e que meus inimigos não me ataquem, pois contra eles eu tenho sete vidas e sete defesas: a do alho, a da água, a da luz, a do fogo, a da terra, a da maçã e a da força da chave de Salomão."

Lenho de Cipriano contra feitiços

Pega-se uma cruzinha de arruda, um maço de ciprestes (da natureza) e um cravo vermelho e se armam esses dois feitiços (o maço e o cravo) no braço da cruz (horizontal). Deve-se usar atrás da porta da casa.

Mágica das ervas santas

Zedeon não queria revelar a Cipriano este segredo, mas como o bruxo disse que daria a ele seu *Fabuloso Talismã Negro*, ele o revelou. E no final nada recebeu, pois Cipriano o iludiu.

Pegam-se sete galhos de Erva-Santa Maria; sete pregos velhos; sete taliscas de carvalho; sete limalhas de ferro; sete agulhas.

E enterra-se tudo num mato. Serve para quebrar o encanto de todas as maldades.

Reprodução de uma pintura feita na parede de um templo antigo, mostrando rituais anticristãos.

PARTE V

A feiticeira de Évora, a mais poderosa das bruxas

Os mouros que viviam na região portuguesa de Évora moravam em boas casas, tinham fartura, pois seu rei, Praxadopel, era benévolo e sábio. Os cristãos, que lá habitavam as casas brancas, com cruzes de madeira, eram também felizes.

Esse monarca mouro - Praxadopel - era dono de riquezas fabulosas. Em Montemur, região de flores douradas, possuía um castelo que era morada de anjos, talvez, tal a sorte de bonança que de lá se adivinhava.

Desse castelo, hoje, só há ruínas, pedras sobre pedras, uivos de lobos e chacais. Chama-se hoje em dia o "Castelo de Girando". Dá arrepios o velho castelo em ruínas. Mas, por que esse monte de pedras é importante para nosso relato sobre a Bruxa de Évora? É que nele, no fundo, enterrada no meio das pedras, está a sepultura de Montemur. Nele se acharam os restos mortais de sete pessoas e os pergaminhos escritos por Lagarrona, a feiticeira de Évora.

Frei Antão de Sis, estudioso dos fenômenos mágicos e de feitiçaria, através desses pergaminhos encontrou a casa da feiticeira, ainda em pé, apesar dos séculos.

E essa casa é diabólica... No meio dela havia uma cova da altura de um homem. Pela banda de dentro era pintada, em toda a volta, de lagartos, cobras e lagartixas. Do lado de fora, viam-se quatro sapos e várias figuras de meninos, pequenos e louros, com sorriso sádico, tendo nas mãos molhos de varinhas de ervas com os quais eles ameaçavam os sapos. Em um dos cantos dessa *casa malassombrada,* a figura de um ser muito estranho - meio monstro, meio homem, como um cavalo-homem - feito em pedra. O que representaria? Um centauro?

Uma *estátua de mulher-serpente* repousava noutro canto. Sereia negra? Mágica figura para bruxarias?

Pelas paredes da casa podiam ser vistas muitas pinturas de caracóis, bichos peçonhentos, rãs; escaravelhos sagrados, símbolos do Egito mágico, vespas, carochas, tudo isso desenhado naquele antro de feitiçaria.

O chão era todo ladrilhado de negro, e um frio envolvia todo o ambiente. Um letreiro pintado ao chão continha a *inscrição fatídica*:

> "O primeiro a abrir esta cova
> Verá coisas jamais vistas.
> – Cava por diante para que resistas
> Ao grande temor que teu peito prova.
> Verás os sortilégios mágicos que prendem os homens,
> O filtro do amor que amarra as mulheres.
> Não temas, não temas, não mostres temor:
> Acharás sucesso, magia e amor
> E por certo em tudo serás vencedor."

Lagarrona, a grande bruxa, tinha, ao escrever esta inscrição, uma coisa em mente: deixar seus segredos para quem soubesse interpretá-los.

E Frei Sis sabia analisá-los, pois desde que entrara para o convento estudava tudo sobre bruxaria e magia. Assim, as interpretações deste pergaminho, hoje, pela primeira vez reveladas, colocarão vocês, amigos leitores, de posse de um conhecimento esotérico antigo tão fabuloso como os *hieróglifos das pirâmides*.

Lagarrona, nestes escritos, deixou a interpretação das cartas, o método de deitá-las para adivinhar o futuro, feitiços para o amor, bruxarias para ganhar dinheiro, ter sorte no jogo, adivinhações por meio de bacias d'água, de espelhos mágicos, por meio de cebolas, de perfumes.

Durante séculos, estes segredos, gravados no pergaminho, ficaram na torre do Castelo de Malta, pois o sacerdote que os encontrou, após traduzi-los para o português, ocultou-os em uma arca a sete chaves.

Mas Fausto, um homem infeliz, que desejava muito ser amado pelas mulheres e não conseguia seu intento, limpando a velha torre, cheia de teias de aranha e morcegos, achou os escritos antigos. Desde esse dia, sua vida mudou. Tornou-se rico e famoso. Foi o primeiro privilegiado da sorte da bruxa de Évora. E muitos o seguiram.

Tão rico como Praxadopel esse homem ficou. Mas, ao tentar escavar as paredes da casa da bruxa de Évora, para adquirir maiores riquezas, morreu mordido por uma cobra venenosa. Dizem as lendas que essa cobra encantada nada mais era do que a própria bruxa, encarnada em cobra, como o Boitatá de nossos índios, que nada mais é do que uma feia mulher que se transforma em cobra para comer os bichos pequenos e os seres humanos... Lendas? Superstição? Sabemos apenas, como Shakespeare, "não creio em bruxas, mas que elas existem, lá isto existem..."

No mundo das trevas – encontro de São Cipriano

Voltando o grande e sábio Cipriano, mago da Fenícia, de uma festa de Natal, e não podendo atravessar os campos em conseqüência de haver uma grande cheia no rio por onde teria que passar, teve de se abrigar num túnel formado pela natureza, e ali, com frio e fome, passar a noite. Então, valeu-se de artes de magia para salvar-se.

Embrulhou-se num manto que fez com palavras invocatórias, e comeu um maná, tal qual o maná dos judeus. E adormeceu num seguro lugar daquela gruta.

Próximo à meia-noite, ouviu passos e divisou uma luz. Temendo que fossem malfeitores, encolheu-se com a ponta duma grossa pedra. Pouco depois, soou, naquela cova úmida, uma voz cavernosa, que dizia:

– Ó mago Cipriano, rei dos feiticeiros, por ti aqui venho com quatro fogachos vivos e peço-te que me dês passagem por esta escura gruta, pois sou a bruxa de Évora, a maior das feiticeiras.

O santo ia levantar-se e dar passagem à velha feiticeira, mas teve de recuar a estas palavras:

– Ó Lúcifer, Filho da Luz, ergue-te e vem até Lagarrona para que ela vença Cipriano da Antioquia, já que, após ser feiticeiro, converteu-se à fé cristã. Eu, a de Évora, consolo as esposas infelizes, traídas, escorraçadas, com meus pós de sapo e arruda, curo e trago dinheiro, e ele hoje nada mais faz, apenas embruxado em seus mantos, dorme e ora.

O santo Cipriano, que ainda usava de magia, mas só para o bem, então teve que consolar-se do atrevimento de Lagarrona, e disse:

– No entanto, estás fazendo um feitiço errado, velha bruxa, e, pelo demônio, eu, só eu, posso te ajudar!

– Pelo Deus dos idólatras, eu tenho fórmulas corretas, que erro é este? – pergunta Lagarrona.

– É o *feitiço do amor*, que leva zuague (planta mágica) e raiz de urze, que deve ser queimada em nome de *Belzebul*, o *Baal das Moscas*.

– Sim. Estás falando certo, mas onde está meu erro? – indaga a Bruxa de Évora.

– É porque não usaste o ingrediente principal, e que tua mãe, a *Bruxa Bambina*, te revelou – disse o santo.

– Tu és um pagão ainda. Cipriano. Qual é esse ingrediente? – pergunta a velha Lagarrona.

– É a raiz de arruda, a planta que é protetora e traz a sorte – disse Cipriano, fazendo o *sinal de Satã*.

A pobre bruxa desatou a chorar e deixou-se cair abandonada sobre uns ramos de árvores que os pastores para ali tinham arrastado de dia.

O santo levantou-a com grande amor e caridade e. depois de lhe ter sacudido as vestes, disse:

– Tu eras capaz de fazer mil feitiços, mas não o do amor, mas agora aprendeste. Tu agora estás capaz de praticar a magia do amor, mas, e a magia fenícia?

Cripriano perguntava isso porque ele fora ministrado em todos os segredos dos ídolos pagãos. *Baal, Astarté, Vénus Carmona* foram seus ídolos. Então, passados muitos anos, ele aprendera com *Satanás*, numa sexta- feira, as práticas da bruxaria de matar, de fazer nascer, de trazer a fortuna. E, por pena da grande bruxa, que era também sábia e magnânima, ele iria ministrar-lhe os *segredos de Pompéia*, dos *pós de amarração*, dos pós de cascavel e sapos, do *ouro alquímico* e da sorte.

E, até o raiar do dia, os dois riscaram fórmulas e fizeram preces de demônios.

De repente, explodindo em pólvora, o demo apareceu. Trazia as fórmulas certas, corretas e revela ao grande Cipriano e à sábia Lagarrona, como evocar o espírito dos mortos. Pronto. Estavam os dois macabros, donos da grande *sabedoria da magia negra*. O que ocorreria a esses dois prova que é um perigo desenterrar os cadáveres e usar-lhes os restos de vida: Cipriano morreu degolado, em Roma, e a bruxa de Évora foi, também, lapidada nas ruas escuras do lugarejo português. A magia tem também limites. E praticá-lo para o bem só traz a sorte. Caso contrário... só traz infelicidades e desilusões.

Quiromancia – um segredo da bruxa de Évora

A mão divide-se em duas partes por uma linha horizontal, logo abaixo da raiz dos dedos.

A parte superior (acima da citada linha) sendo comprida, indica que o espírito domina a matéria. Se for a parte inferior a mais comprida, significa que a matéria domina o espírito. Se ambas as partes se equivalem, mostra o equilíbrio físico e mental.

A cor das mãos

A cor da pele das mãos indica o estado de saúde das pessoas. Uma pessoa sadia, bem equilibrada, terá uma pele fresca levemente rosada.

Mão vermelha levemente escura: constituição robusta, brutalidade, mão marciana.

Mão escura: melancolia saturnina.

Mão amarela: mau funcionamento do fígado, nervosismo, mercuriana.

Mão vermelho-claro: furor, sofrimento, venusiana.

Mão bronzeada: confiança, alegria, mão de Apolo ou solar.

Mão clara, fresca: firmeza, jupiteriana.

Mão pálida, sem cor determinada: frieza, impassividade, egoísmo, lunática.

Mão azulada: má circulação do sangue.

Mão de cor branca esverdeada: temperamento vingativo.

Mão dura e mão mole

Mão dura: gosto de ação física, espírito de economia.

Muito dura: espírito pesado, falta de inteligência, avareza, brutalidade.

Firme (sem ser dura e macia, sem ser mole): firmeza, precisão, equilíbrio, energia.

Mole: indolência, materialismo.

Mole, gorda, com dedos lisos e em ponta: polegar curto, egoísmo.

Mole, com falanges e falanginhas compridas: pessoa perigosa.

Magra e ossuda: sensibilidade, irritabilidade, nervosismo; de conformação irregular – caráter igualmente irregular, anormal.

Os dedos quanto à disposição

Os dedos podem ser compridos, médios e curtos; sendo compridos, indica domínio do espírito sobre a pessoa, forte e inteligente, gosto do luxo; compridos e lisos, sem nós, intuição muito desenvolvida; médios, equilíbrio das forças físicas e mentais, inteligência segura; curtos, simplicidade, modéstia, resistência física, domínio da matéria sobre o espírito; curtos e lisos, sem nós, intuição moderada.

As unhas

Unhas compridas (mais compridas do que largas): moleza, displicência, orgulho, resignação, idealismo.

Muito compridas e muito estreitas: fraqueza geral.

Médias: ordem, lógica.

Curtas (mais largas do que curtas): compreensão viva, temperamento irascível, belicoso, querelante.

Curtas, com Monte de Marte forte: gosto pelos assuntos militares.

Duras: constituição forte, robustez, resistência.

Moles: fraqueza orgânica, natureza apática.

Chatas: nervosismo.

Viradas nas extremidades: avareza e predisposição para a asma.

Ovaladas: propensão a diabetes.

Crescidas na carne: doenças nervosas.

Com depressões, cavidades, traços ou manchas nas pontas: excesso de ácido úrico.

Visão fantástica de uma feiticeira e seu mundo de duendes.

PARTE VI

Como prever o futuro

"Houve um tempo em que o homem possuía tanto poder sobre as forças da natureza que acabou por destruir seus grandes impérios mágicos, disse Cipriano. Sua voz rouca, mas forte, expandiu-se entre os gentios. Lemúria, Tule, Atlântida, todos esses reinos fabulosos, viveram e morreram pela magia. Posseidonis, onde a arte da adivinhação chegou ao máximo, foi engolida pelas águas lamacentas. No Vale do Indus, a ruína afas-tou para longe, para as montanhas geladas, os magos e videntes. No Egito, só restam do passado glorioso as pirâmides e a esfinge com seu sorriso enigmático. E onde ficou essa arte antiga? Perderam-se as fórmulas poderosas, as artes e os encantos? Não, pois apesar de serem queimados os livros de magia negra, alguma coisa dessa imensa cultura sobreviveu. E hoje, eu, Cipriano da Antioquia, vou revelar a vocês, adoradores de Baal."

A voz de Cipriano explodiu pelos sete cantos do Templo Sagrado. E ele continuou. O silêncio era geral.

"A arte de adivinhar pela água, pelos espelhos e pela bola de cristal vem da velha e pobre índia. Mas aqui na Espanha", disse São Cipriano, "há um sábio que a sabe usar. É Agripa de Espanha."

São Cipriano e uma legião de fantasmas na cova de um alquimista

Sua casa era tenebrosa. Não havia nada que lembrasse uma bela residência. Os pés de carvalho, centenários, dão um aspecto sombrio ao ambiente. Seu cachorro peludo e negro parecia Cerbelo, o Cão do Inferno. Sua túnica indiana, bordada de sinais cabalísticos, nos dava a impressão de que era um homem diferente. São Cipriano o abraçou, ao entrar em sua casa fúnebre, cova de um verdadeiro mago.

Sua voz áspera, a barba em pico completavam a sua figura, e ele falou a Cipriano:

- Ali está o fogo, símbolo da alta magia, e a bola de cristal. Assim, podemos ver o destino, olhando nos vidros e cristais consagrados.

Como utilizar os espelhos mágicos

Brilhante como a luz da lua, misteriosa como ísis, a bola de cristal foi trazida do Oriente. Foram os sacerdotes árabes que a trouxeram, em meio a cânticos a Alá.

Mas, mesmo sem a bola de cristal, podemos ver o destino: nas placas de aço bem polidas. "Sobre uma placa de aço reluzente e bem polida, ligeiramente côncava, escrevam com cinzas as três palavras-chave: *Mitra, Istar e Ísis*. Em seguida, embrulhem a placa em rústico tecido branco, não usado ainda. Quando vier a lua nova, à primeira hora após o sol posto, aproximem-se de uma janela e, olhando o céu com devoção, peçam: Ó Cipriano, fazei que venha a mim a inspiração e a vidência em nome de Anael. Que eu tenha as visões que desejo ter.

E olha-se para a placa. Lá, quem tem o dom, verá o futuro, o passado, a glória e o poder."

Na queima do carvão surgem os espíritos

Os carvalhos centenários pareciam vivos, e Cipriano os olhava atentamente. Um certo medo enchia o coração do mago da Antióquia. E Cipriano pegou as brasas incandescentes sem se queimar. E mexendo na brasa, ele atirou um perfume forte. É açafrão, o perfume que chama os espíritos.

"Jogando este perfume invoco que eu tenha visões", disse Cipriano.

"Vinde, Anael, e que vos seja agradável esse perfume."

E, com a placa dourada, invocou a primeira visão. "Chamo os Elementos do Fogo, ou Salamandras." Assim deve invocar aquele que quiser ver o destino.

A voz que veio das sombras falar com São Cipriano

Para se ver o futuro pelas placas ou espelhos, deve-se ter duas pessoas: o operador e o vidente. O operador é o ser capaz de captar mensagens do cosmo e o vidente é o que vê nas placas e espelhos. O espelho deve ser consagrado e depois jamais tocado por profanos. Uma criança ao lado do vidente muito ajuda para que haja bom êxito, mas não se deve dizer à criança que ela está participando da magia divinatória.

A voz virá pelo operador e as visões, pelo vidente. Embora a vidência seja um dom nato, pode-se aperfeiçoá-la pelos trabalhos constantes de olhar no espelho e de leituras como estas, falava Cipriano, olhando o futuro pela placa de aço.

Os espelhos mágicos da Pérsia

Pode-se ler o destino e obter visões usando uma garrafa de água bem límpida. Cagliostro usou apenas dessa garrafa para as suas previsões.

Para que os espíritos e fantasmas falassem, o conde Cagliostro usava uma vela de cera e uma criança do lado de fora da sala, onde clamava pelas visões. Mas Cipriano prevenia a todos: "Não usem esse método para saber coisas profanas. É perigoso. *Cuidado!*"

Na penumbra que começa a invadir a Andaluzia, na Espanha, Cipriano e os magos videntes andavam pela sala. Lá fora, os carvalhos balançavam ao vento forte. O cão Cerbelo latia e uivava. Seriam eles reais ou apenas fantásticas visões, tocadas pelo poder dos perfumes, dos gnomos e dos eloins? Seriam eles enviados especiais do cosmo ou fantásticas visões irreais também???

Como Cipriano e a bruxa de Évora preparavam o espelho Mandeb

O espelho mágico empregado pela bruxa Lagarrona, e também pelos árabes, consiste em um pequeno círculo de tinta, que Cipriano entornava na mão esquerda de um jovem. Podemos fazê-lo para usá-lo em adivinhações rápidas. O método é o seguinte:

"Antes de qualquer outra operação mágica, devem-se escrever as fórmulas em um pedaço de papel. A primeira diz: Ai de quem se volta contra os céus. A outra consiste em uma evocação assim: Surge o Grande Alá, Senhor da Vida."

Esta encantação, além de escrita, era recitada. E, depois, Cipriano fazia o círculo na mão do jovem e lá via o futuro. Mas, para melhor vidência, a bruxa de Évora queimava âmbar indiano, incenso e mirra.

Como usar o espelho teúrgico (mágico)

Teurgia significa magia. Assim, ao falarmos de espelho teúrgico, falamos de espelho mágico. Consta de um globo de cristal cheio de água límpida, que se coloca em cima de uma mesa com uma toalha branca. Em redor do globo põem-se duas velas de cera branca. E olha-se bem no fundo do globo, onde o futuro surgirá tão límpido como as águas do Jordão.

Este espelho é muito puro e não se deve usá-lo para coisas ruins. Lagarrona o usava e a bruxa Bambina, mas não é certo fazer esta experiência para o mal. O espelho teúrgico pode ser usado na vibração dos planetas e satélites. Assim, uma bola de prata cheia de água para a Lua; de ferro, para Marte; de mercúrio, para Mercúrio; de estanho, para Júpiter; de cobre, para Vénus, e de chumbo, para Saturno. Imantados em água santa, esses espelhos revelam tudo o que está oculto.

Inscrição vermelha da grande pirâmide

Quando Cipriano, pela primeira vez, contemplou o interior da Grande Pirâmide, ficou assombrado. Ele, que vinha da Antioquia, jamais havia visto algo tão magiado.

A pirâmide de Gizé é a maior construção em pedra feita pelo homem.

E, ao olhá-la, temos um temor respeitoso por ela. Do lado de fora é embrutecida. Despojada de sua beleza externa, tem, no entanto, uma beleza interna imensa.

Jazigo de faraó, estudada por místicos e ocultistas, a pirâmide é um enigma. Vela pelo deserto, como um anjo de pedra saliente.

Escalando os enormes blocos de pedra, Cipriano subiu na pirâmide. Ao chegar lá, deu gritos que assustaram o guia cameleiro árabe. Apesar do vandalismo de séculos de erosão, ela se conservava intacta.

São Cipriano passou a mão na superfície do calcário e como um bicho examinou toda a pirâmide. A noite caía. O deserto cheirava a noite grande. E ele achou a inscrição vermelha de sol do deserto, agora banhada pela lua que começava a despontar...

Queops ou *Khufu* mandara construí-la, disseram a Cipriano. Mas ele ficou na dúvida. Seu espírito de mago reagia. Era algo além das mãos do homem. Ninguém pudera construí-la, disse São Cipriano. E chorou de emoção pela primeira vez na vida.

Cipriano junto às maravilhas da magia antiga

Os antigos gregos gravaram nos seus livros de História que a Grande Pirâmide de Gizé foi a primeira maravilha do tempo antigo. E a peça maciça em pedra estava lá aos olhos do grande feiticeiro da Fenícia.

Tem cerca de 54.300 metros quadrados na base. Esta poderia abrigar as grandes catedrais do mundo... Quem realmente a construiu, pensou o bruxo?...

Dois milhões e trezentos mil blocos de calcário foram utilizados nela. Vieram através do Rio Nilo. E Cipriano, numa visão fantástica, viu Khufu, o faraó que a construiu, e disse: "Seu nome é Luz Gloriosa e tu foste glorioso em teus trabalhos."

O céu se abriu e a inscrição mágica se decifrou. Ela diz, magicamente: "Deus é maior do que todos os teus pensamentos, todos os teus sonhos, toda a tua verdade. Recolhe-te na verdade de Deus e Ele te aceitará."

O sol do deserto já brilhou por séculos sobre esta inscrição. Ninguém a leu. Mas Cipriano, o maior feiticeiro, junto com os fantasmas do deserto, a decifrou...

O Livro do Senhor, magia maior do grande Egito

São Cipriano achou nas areias desérticas um grande e velho pergaminho. Era um livro, chamado *O Livro do Senhor*. Ele e a grande pirâmide descrevem o caminho percorrido por todo o indivíduo que vive e morre, e torna a reencarnar-se várias vezes, até aprender os ensinamentos da vida. O livro nos conta a história em palavras da pirâmide de Gizé.

Todo ego, ou melhor, o *Ka* (como chamavam os egípcios) encarna-se vindo de um outro plano. No momento em que a criança nasce, respirando pela primeira vez, o ego perde a lembrança das outras vidas. Assim, o *Ka* encarnado na pessoa não se lembra do passado. Assim como a pessoa que entra na grande pirâmide, como o fazia então Cipriano, está num ângulo descendente. Em nossa vida sempre chegamos a um ponto em que temos que optar pela ascensão ou pela ruína moral e espiritual. Entretanto, o *Portal da Ascensão* é difícil de ser transportado.

Assim, a porta da grande pirâmide está bloqueada também, disse Cipriano, lendo o livro e vendo nele as semelhanças com a pirâmide.

Aquelas almas ou egos ou *Kas* que não lutarem para crescer e atravessar o portal da ascensão continuarão sua descida para as trevas. Elas não o percebem, sentiu o velho bruxo, e disse: "Alcançam a câmara invertida, o Caos." Assim falou Cipriano da Fenícia, olhando o portal da pirâmide, segurando nas mãos descarnadas *O Livro do Senhor.*

Assim, está em suas mãos, leitor, chegar à luz ou morrer nas trevas. Com a verdade está a luz, com a inveja e a calúnia e os prazeres da vida profana, está o caminho das trevas, de *Anúbis, o Barqueiro Chacal.*

Assim falou Cipriano: "A grande pirâmide não possui um único, mas muitos significados. Não é por acidente que a nossa sociedade toma agora maior consciência da verdade e da luz. A própria vida é uma semente, se o homem plantar o bem, colherá o bem."

Justina, a sua grande amada, o esperava na volta daquela viagem. E com ela a redenção de Cipriano, o feiticeiro.

O sabá - fantástica reunião de bruxos numa clareira da mata.

PARTE VII

As previsões de São Cipriano

Assim como um verdadeiro vidente, Cipriano da Antióquia, vestido de verde, com sua longa barba branca, via o futuro do homem. Sorria e chorava ao mesmo tempo. Via máquinas como monstros se movendo, fazendo cálculos, erigindo prédios, via tudo o que há na Terra, mas via o homem triste. Era o homem do século XX. Homem sofrido, que trabalha e não conhece o poder da terra, o verde da plantação, a semeadura, o joio e o trigo. Homem-máquina, se movendo em vídeos, em elétrons e átomos que se condicionam ao ambiente. Mas não via o homem – *Adão* primordial, livre, sorrindo, amado, sentindo o vento cantar uma canção, sentindo a noite estrelada, pois havia um véu negro, do demônio da poluição. E São Cipriano chorou e riu. Riu por ver o mundo novo, de uma *Era Nova*, de Aquarius, de paz e alegria:

"Os rios entornarão. As cidades serão bombardeadas, muitos morrerão mas, depois, uma nova era se fará, o espírito do bem virá sobre a Terra. Que bom será, então, quando o homem encontrar a sua verdade. Os maus serão tragados, e só os que agüentarem e os puros de coração herdarão a Terra."

Cipriano chorava e ria. Ao longe, um cão uivava. Era mau agouro. E o mal falou: "Darei o gosto do poder ao homem. Farei com que ele tente galgar as estrelas e se sinta muito importante. Mas ele terá medo. Haverá roubos, mortes, fome e loucura. Muitos vão perecer comigo."

E São Cipriano colheu a flor amarga do homem do futuro, mas o Bem falou: "Darei a ele a capacidade de sentir que a Verdade está junto a ele. E muitos se salvarão."

O céu se abriu. As montanhas, que têm por dono Xangô, e outros grandes seres sorriram. E o abnegado, o amigo, o sofrido, o apaixonado, o artista, o mago viverão...

Assim como a Terra será queimada, os homens egoístas, ligados ao dinheiro, ao orgulho, serão queimados. Serão atirados fora, disse Cipriano. E continuou falando. paredes da grande pirâmide pareciam tremer. São Cipriano, banhado pela luz da lua, sorria, chorava, falava e tremia. Os espíritos do tempo o invadiam inteiro e ele sabia que não poderia ser mais um bruxo, um mago negro, e sabia que estava *condenado*.

Cipriano via o futuro como num filme. A seus olhos surgia a verdade do futuro da raça humana, e ele via além. "Todos os mundos são habitados. Deus, causa primária de todas as coisas, criou o Universo e nele há milhões de sóis, bilhões ou trilhões de planetas girando em volta de cada Sol. E tudo vibra, se harmoniza na verdade da existência", falou Cipriano. E as estrelas brilhavam mais. Um furacão arrancou as pedras e fez muitas mortes, mas Cipriano o sentia benéfico, pois ele estava agora protegido, encontrara a sua verdade.

São Cipriano na Caverna dos Prodígios

A ciência secreta era uma entidade inalterável que não se destinava a ser dilatada nem aperfeiçoada. Existira na sua total idade desde o seu início, e apenas por uma única via podia ser alcançada. A doutrina não revelava a maneira de estudar os fenômenos, indicava, apenas, *o caminho que o adepto deve seguir.*

Uma ilustração da obra *Anfiteatro da Sabedoria*, de Khunrath, mostra a caverna da sabedoria cravada na rocha, furada na rocha, melhor dizendo. Ela vai se tornando mais estreita à medida que se aproxima da luz. Assim, você, leitor, diz São Cipriano, se torna mais puro, mas a vida fica mais difícil ao conhecer os prodígios do Bem.

A porta da *caverna do mal é larga* e fica mais larga até que você chegue ao fim das maldades, mas a do bem se estreita à medida que você caminha mais e mais, disse o bruxo Cipriano.

Purifica-te, sê puro, dizia a porta da entrada da Caverna dos Prodígios.

E um dragão chinês, que vive nas profundezas, é quem guarda a Verdade.

E lá, quem não fosse puro, não entraria. Cipriano tentou entrar. E as chamas do Inferno o engoliram... Mas ele tinha o punhal, a taça, os paus, todos os atributos do mago. Mas não tinha a pureza. Assim, não entrou.

Agrippa, mago famoso, descreveu esta caverna assim: "Um homem rodeado de círculos e triângulos." Significa a harmonia do Universo.

O homem está envolvido com o Todo, significa esta ilustração. E diz, ainda: "Quando uma pessoa está doente, está em desarmonia com o Universo, podendo entrar de novo em harmonia e recuperar-se. Seus movimentos são regulados pelos astros..."

A música também pode curar um doente. Kircher e Caspar Schitt explicam esta teoria. Ainda que a crença seja muito mais antiga, São Cipriano a conhecia bem. *"Homem sadio, universo sadio. E só há saúde quando há harmonia em vida."*

Cipriano, na caverna dos antigos, bebeu sangue, suor e chorou. Mas sua vida mudara; agora ele estava pronto a viver para o Bem.

Dez maneiras de ser feliz, seguindo a bruxaria de São Cipriano

1. Jamais se preocupe com o que as pessoas dizem a seu respeito, disse São Cipriano. Ninguém pode amá-lo mais do que você mesmo se ama, logo, não há por que preocupar-se muito com a opinião alheia.
2. Jamais fique afobado. Faça tudo com raciocínio e calma. O importante é ter a indiferença construtiva.
3. Beleza e bens materiais não representam tudo na vida. Há muito mais, como conhecimento, pureza de sentimentos e capacidade de sentir a vida.
4. O amor é a maior verdade. Lute pelo seu amor.

5. As mulheres têm muita tendência à prostituição. Isto, porém, anula a sua capacidade de amar e as destrói. O amor é a base da vida das mulheres, por isso, a natureza lhes deu o dom da maternidade.
6. Não destrua qualquer forma de vida, não mate e não deixe destruir. Até uma planta tem vida, não a destrua se não precisar dela.
7. A natureza é viva e não deve ser destruída. A Terra toda se harmoniza. No momento em que a destruímos, estamos destruindo a nós mesmos, falou Cipriano, na Caverna dos Prodígios. As múmias acordavam de seu sono eterno e, falando, as suas vozes eram de sabedoria.
8. Desde que se nasce se começa a morrer, mas, ao morrer, estamos à beira de renascer, este é o ciclo da reencarnação, a roda da vida.
9. O homem selvagem, bárbaro, faminto de glórias e poder, é sempre um inimigo. Não o aninhe em sua casa; será como aninhar uma serpente venenosa adormecida, que, ao menor sinal de perigo, o morderá.
10. Ame a Deus, a vida, a natureza, a você mesmo e a todos, este é o grande mistério, o grande arcano.

Segredo de Cipriano sobre a garrafa mágica

Tome uma garrafa quase cheia de água do mar e coloque-a sobre a mesa de pinho; assente o indivíduo em uma cadeira, de modo que não toque nem com a sua roupa na mesa.

Feito este preparativo, ponha a ponta dos dedos no gargalo e os dedos da outra mão quase no fundo da garrafa, fixando a vista na garrafa e assim permanecendo pelo espaço de três horas.

Logo que a água comece a espumar e a garrafa a mover-se está pronta a mágica branca ou *magnetismo*.

Maneira de obter um famaliá

Toma-se um pergaminho virgem e vai-se a uma igreja. Depois, coloca-se um ovo de pata, sete pingos de vela preta, uma teia de aranha, e diz-se nele as seguintes palavras cabalísticas: *Elever santus adoratim et pactum nei*.

Pegam-se esses ingredientes e deixa-se por sete noites no sereno. No último dia, jogam-se esses ingredientes fora, e só se pega o pergaminho, que se põe numa garrafa virgem. Deixa-se a garrafa ao sereno por uma noite. E nela se quem fez estas práticas tem o dom, aparecerá o famaliá (ou diabinho).

Temos provas de que o famaliá existe, pois não apenas o maior feiticeiro, Cipriano, o usou. Nas terras do Brasil, na velha e mágica terra da Bahia, um grande candomblecista e bruxo o fabricou. Veremos como é, levantando o véu que nos separa do futuro, pois grandes prodígios têm a bola de cristal de Cipriano.

Efeitos da garrafa magnética

Depois que a água ficar completamente magnetizada, basta só jogar alguns pingos desta água pela casa, e ela ficará limpa de fantasmas, de assombrações e bruxedos.

Não é a água que aplaca o fogo? Pois ela, magnetizada, é o que existe de mais forte contra demandas que pode ser feito rapidamente.

Esta garrafa ficará como um ímã, um magneto. São Cipriano a usava muito. Porém, muitos terão medo de fazer esta prova e se sentirão temerosos dos efeitos. Mas dizemos que não há perigo. Se a concentração for boa, tudo sairá bem.

Mágica da clara de ovos

Se deseja saber a primeira letra do nome do homem com quem vai casar-se, basta fazer o seguinte. Pegue um pouco dessa água magnetizada e ponha num prato virgem. Jogue dentro a clara de um ovo. E lá aparece, no prato com a água magnética, a primeira letra do nome do homem com quem vai casar-se. Lagarrona, a bruxa de Évora, fez muito esta prova mágica para o amor das jovens.

As rezas e as mandingas

Ano de 1800, Bahia. Cipriano vê na sua bola de cristal... O vento geme, e ele fala o futuro...

Cantam os marinheiros no cais, e nas cestas brilham os peixes ao sol, como se tivessem escamas de ouro. As igrejas, cheias de jóias, reluzem. Toda a Bahia é uma festa à vida. Mas lá há quem trate da morte...

Cânticos nagôs vêm das rodas das iaôs. Em Ita-pagipe, pelas águas da sereia, bordadas de espumas, ainda dançam os saveiros. Oxalufã, o velho do cajado, mora nessas terras.

As imagens santas reluzem, todos se vestem de branco. Guirlandas nos chapéus, enfeites de fitas azuis, marrons, estão nos cabelos de todos. Mas num canto da praça há um homem feio, um feiticeiro, discípulo de Cipriano.

O cais recende a fruta. Hoje ninguém trabalha, pois é dia de festa. Mas, neste clima de festa, ele, feiticeiro, vai para a sua morada...

Como o velho Cipriano, ele, Juriabá, respeitado por todos os baianos, passa pelos capoeiras. Ele é o dono das rezas fortes, que paralisam até as pernas dos capoeiras, cortam mais do que o fio das navalhas, mais do que as mandingas das velhas.

Juriabá mora numa casa macabra. Desde a entrada sente-se que lá há mironga, pois na entrada está a *Arvore dos Feitiços.*

Essa árvore é centenária e em seus galhos estão pendurados fetiches, bonecos de pano. Os corvos voam alto, as corujas piam, um bode preto com um sino amarrado ao pescoço, peludo e esquisito, anda por aqui.

Aluá, feito de casca de abacaxi, é servido aos presentes. São Cipriano vê tudo na sua bola de cristal. E continua a falar sobre o que vê...

As rezas fortes são: a do bode preto, a de Dioní- sius, a de Bacco, a reza das mulheres da rua, a reza de São Martinho Verox e de Santa Tecla, a das Horas Abertas, a das Sete Chaves de São Pedro, a do Bambuzal dos Eguns. Assim fala Juriabá. E Cipriano, pela bola de cristal, o analisa, seu discípulo, vivendo há séculos no futuro:

"O famaliá, o diabinho na garrafa, eu gosto de fazer assim: pêlos de gato preto, ovos de pata gourados, sete pós de terra preta, sete nós de corda virgem e a reza do Bode Preto..."

A noite cai sobre a bola de cristal. Cipriano só tem tempo de ouvir a reza mais forte da magia negra.

Reza do bode preto

Bode preto, que pelo monte subiu, trazei-me fulano que de minha mão fugiu. Se ele estiver comendo, não coma; se estiver bebendo, não beba; se estiver rindo, não ria; nada faça enquanto não vier a mim, com seu coração puro e pleno de amor.

Bode preto, dono da luxúria, se ele, pela fé de Cipriano, não vier hoje mesmo, não rezarei amanhã, só no dia em que ele voltar. Por Cipriano, pela bruxa da Fenícia, por Melusine e Aton, o demônio. Assim seja.

Lagarrona e a magia do amor

Se alguém quer ver em sonhos a pessoa com quem vai casar-se, deve juntar pó de ímã, coral pulverizado e sangue de pombo branco.

Mas se deseja prender alguém, por sete anos, a receita de Lagarrona diz o seguinte: fita vermelha, morcego e tem que ser confeccionada numa sexta-feira.

Amuletos, filtros, infusões de odor picante, pedras mágicas, rezas e invocações de anjos e de demos fazem parte da magia do amor.

As fórmulas eram segredo de Lagarrona, a maior bruxa, e Cipriano as tomou.

Cheiram a enxofre, trazem o selo dos grandes malévolos. Pela primeira vez são reveladas ao público. Plutarco as conheceu. Heródoto falou desses filtros e até o grande Demóstenes comentou sobre elas... agora estão à sua disposição.

Com beladona e elixir verde a bruxa faz o encanto

Belinuncia, beladona, cal, pedaços de espelho, imagens de diabos vermelhos e a planta chamada es- cabiosa são os elementos desta receita. Juntos fazem o Elixir de Lagarrona, que não se bebe, só se esparge pela casa. Quando o ser que você deseja prender por sete anos entrar nesta casa, terá o coração ferido pela flecha do cupido, e terá por sete anos a vida presa à sua.

De meio-dia à meia-noite a bruxa mora no cemitério

Um vento frio levanta as folhas das árvores. O silêncio só é interrompido pelo cantar dos galos. Uma gralha começa também a cantar. Os seguidores de Lagarrona, como também de Cipriano, trazem cordões de pedras pretas. Mantos bordados com garfos e tridentes, eles cantam. E a bruxa de Évora revela a receita:

Uma caveira de gesso; um Santo Antônio de chumbo, pequeno; o nome da pessoa a quem se quer amar para toda a vida; uma garrafa de anis; uma vela azul; um funil de cobre, pequeno; sete rosas vermelhas.

Colocar isso tudo numa encruzilhada.

PARTE VIII

As cruzes dos bruxos, segredo de Cartago e da Grécia

A cruz é um dos símbolos mais antigos do mundo. Através dos séculos, vemos a cruz vinculada ao pensamento religioso-filosófico de todos os povos.

Sua origem se perde na noite dos tempos. Para os gitanos, ela representa a força; para os egípcios, grandeza, força e poder. Para os astrólogos, simboliza os quatro pontos cardeais. Para os ocultistas, ligados à iniciação secreta, ela é o homem de braços abertos, num sentido de paz.

Cedro, mirra, madeiras diversas entram na confecção do santo lenho – a cruz.

E estas são as mais poderosas, segundo o mago andaluz, irmão em bruxaria de Cipriano.

Cruz Egípcia

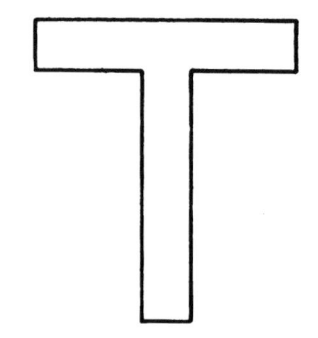

Não a use em bruxedos, só para o bem.

Cruz de Tau. Assemelha-se à letra T. São Francisco usou-a como assinatura. Usada pendurada ao pescoço, feita em metal, benta com os santos óleos, é um grande amuleto protetor.

Cruz da Magia Branca

Este poderoso símbolo é grande aliado dos magos da Magia Branca.

Destrói qualquer maldade, feitiço, mas só deve ser pendurada em quem nada tiver de maldade ou envolvimento com bruxarias.

Cruz da Bruxaria

Feita em argila, modelada na hora-grande (meia-noite), esta cruz é maléfica. Erguida sobre um pedestal retorcido, foi usada por Matilde, a bruxa, por Belaura, a feiticeira de Samos.

Cruz dos Primeiros Cristãos

Encontrada em templos romanos, do tempo das perseguições. Indica a subida até a perfeição, o caminho do homem à procura de Deus.

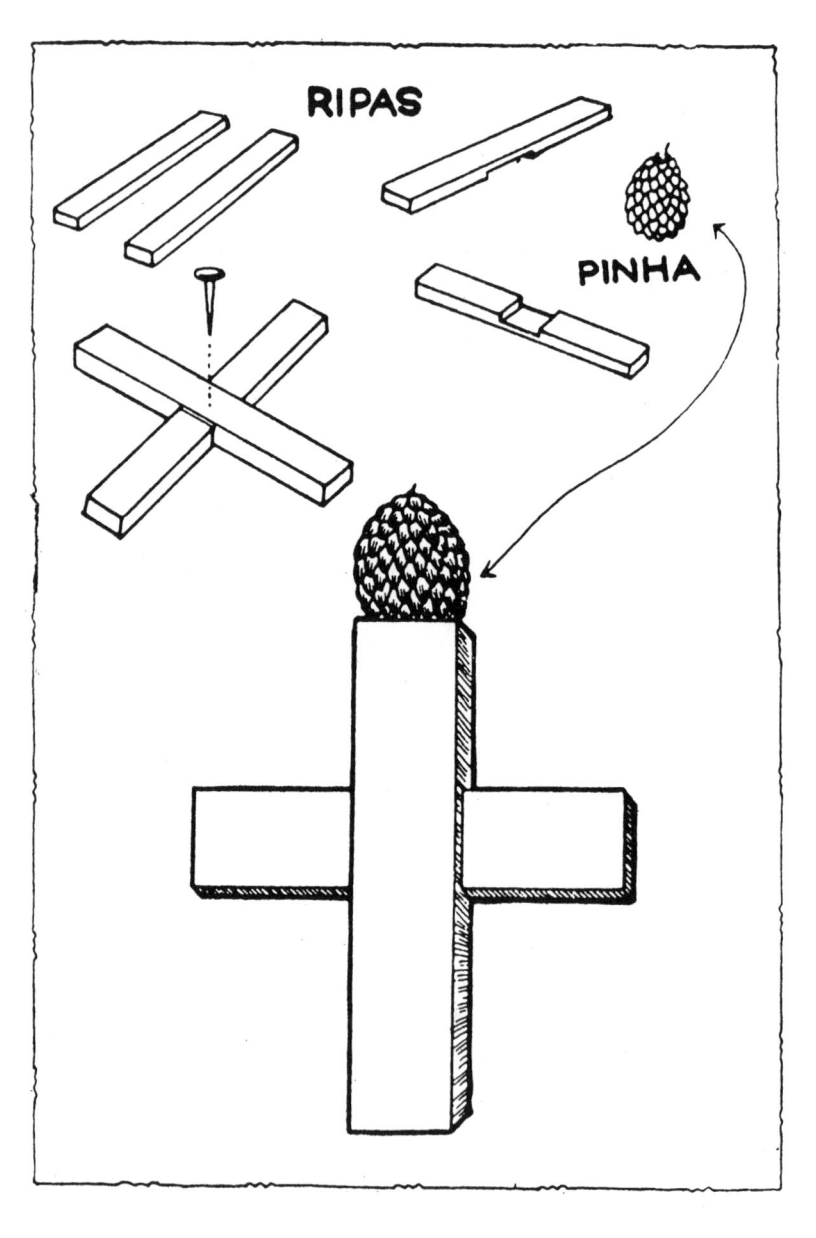

Cruz de madeira - cedro - com apinha. Um contrafeitiço antigo.

Cruz Sagrada dos Romanos

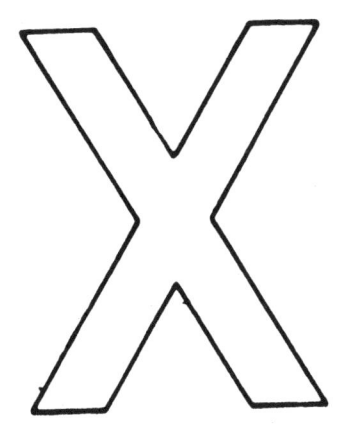

Esta é a cruz em que Santo André foi martirizado. Conhecida em magia como "Cruz dos Romanos".

Cruz da Magia Negra

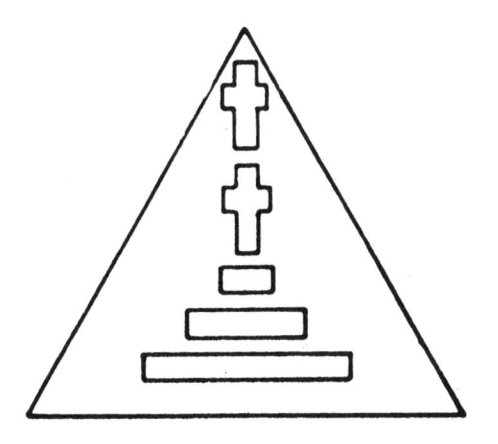

Símbolo para magias negras, vinganças, demandas. Não é para ser feita em metal e sim em madeira, preta e consagrada com óleo e enxofre.

A Grande Cruz de São Cipriano

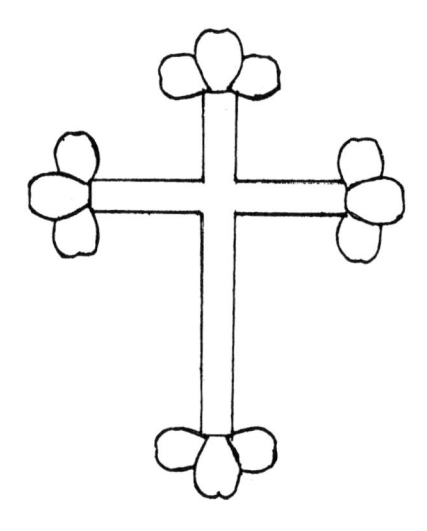

Abram a garrafa de vinho e tomem um trago para dar coragem, disse Cipriano. A noite será grande, de lua cheia. O batuque do som dos feiticeiros, com suas campânulas e bumbos, soará alto. A voz de Cipriano estava dura. Um cheiro de ervas queimando, de mirra, de azeite e mel vinha da noite de feitiçarias'.

Um canto ariano vinha de dentro da mata. E Cipriano continuou: "Em meu caminho de feiticeiro pastoreio as ânsias, o amor-paixão, o sonho do povo, o medo, os feitiços e bruxedos. Gargalhadas de fantasmas andam sempre comigo, mas eu uso a cruz, amuleto, e estou sempre protegido. E me refaço."

Esta é a grande cruz de São Cipriano. Use-a e será protegido de toda a feitiçaria.

Como cortar o mau-olhado

Há pessoas que são portadoras de maus olhos, e que se olham para uma planta esta imediatamente seca. São os "olhos gordos" ou olhos maus. São pessoas dotadas de força magnética no olhar.

Falamos de uma força que é desconhecida às vezes pela própria pessoa, isto é, da qual a pessoa mesma não tem ciência. E ela é fácil de ser cortada, pelos segredos das cruzes e de Cipriano. As ervas cortam também feitiços, assim como as pedras. Na obra *As Plantas que Curam e Cortam Feitiços* temos muitos destes métodos usados há séculos.

Qual de nós já não encontrou, por acaso, um indivíduo que, ao nos ser apresentado, desde logo grandemente nos impressiona pela força de seu olhar, e nos faz sentir esquisitas sensações desde que o vemos ou com ele conversamos?

Muitas vezes, em um salão de baile, ou mesmo em uma condução, sentimos uns olhos em cima de nós, e até de costas sentimos aqueles olhos nos fitando. E, durante muito tempo, não podemos deixar de fitar aqueles olhos também. Assim, para cortarmos o olho gordo, basta fazer esta receita infalível:

> Saião (suco), sal grosso (três punhados de mão cheia), água de chuva ou sereno (fluidificada pelo sereno) e mel (só um pingo).
>
> Com estes elementos faz-se um banho de descarga para tomar logo que saímos de perto da tal pessoa de olho grande, antes que ela nos derrube e corte nossos caminhos. Quem desejar ter sempre uma verdadeira proteção contra esses maus olhos, deve ter junto a si a Cruz de São Cipriano.

Arruda, guiné, espada-de-são jorge, reza de São Marcos e São Manso (ver a obra *Antigo Livro de São Marcos e São Manso*), figas e pedras (otás) cortam estes maus olhos. E mais a oração contra olhos maus.

Reza contra os olhos maus

Com Deus eu te tiro mau-olhado ruim, com a graça dos céus eu te corto. Tu és ferro, eu sou aço, e eu te prendo e embaraço.

Reza contra mau-olhado perigoso

Em uma vasilha coloca-se água limpa e nela se vão pingando gotas de azeite doce. Os pingos caem na água formando olhos. Então, reza-se: "Vai-te olho grande, na fé de São Benjamim."

Oração contra dores de garganta e anginas

Em Belém, no caminho em que passaram os pastores, passam três meninas: uma tece, outra fia, outra cura as dores de garganta. Uma fia, outra cose, outra cura o mau-olhado e a maldade.

Oração contra as estiagens que afetam o sertão

Faz-se esta oração com três pedras de sal. E diz-se: "Senhor, jamais desamparastes o vosso povo; Senhor, tende piedade do sertão. Fazei com que a chuva caia, molhe os campos, encha de novo os rios. Que esta terra seca se renove, que esta fogueira em que o sertão se transformou torne-se manso rio, regato que canta, e que de novo haja carne e leite e mel. Assim seja.

Para nossa ajuda, apressai-Vos."

Louvados sejam os espíritos que ajudarem os pobres do mundo, porque dos simples é o reino dos céus.

Oração contra a força do olhado

Com dois te botaram, com quatro eu te tiro, com dois te botaram, com quatro eu te tiro.

Oração contra o quebranto das crianças

Benze-se este menino em quem botaram mau-olhado. Quebranto não há de te matar, te benzo para te curar. Com o poder da fé, da água e do sal, com a força do bem contra o mal.

PARTE IX

Cipriano entre os egípcios seguidores da deusa Ísis

O culto de Ísis é um dos sobreviventes da Magia Antiga. Ela é a mãe da brancura, a constância maternal, a devoção conjugal, a fertilidade e a graça feminina. Ela protegia Cipriano e a tudo o que existe. Tudo o que cresce. São as suas lágrimas que alimentam o Nilo, alimentam a magia do bruxo da Antióquia.

As cheias do Nilo fertilizam a terra, e é ísis quem gesta as águas do Nilo.

A alma de Ísis habita a estrela Sírio, e, durante milhares de anos, o aparecimento dessa estrela no céu da madrugada pelo solstício de verão assinalou para os escribas e sacerdotes do Egito o retorno das inundações do Nilo.

Ísis era tão poderosa para os egípcios que restaura seu marido, Osírias, retalhado pelo demônio Set, e ele torna a viver. Este ato procriador, que se repetia regularmente, voltava a verificar-se: Osíris, o Nilo sagrado, fertilizava a verdejante terra egípcia. Lá no deserto sorria a enigmática esfinge, aqui tudo era dom de Isis.

Ela foi, também, a origem do culto das deusas-mães, Vénus, Afrodite, Iemanjá, Ceres, Hecate. ísis, porém, era a mais amada por São Cipriano, por ser a mais antiga. A respeito dessas deusas-mães, deve o leitor de ciências ocultas ler *Rituais Secretos da Magia Negra e do Candomblé*, desta Editora.

Assim como Ísis era meiga e mãe, já outras deusas eram más, como Astarte, que era a lascívia, Anaitis e Cibele, que eram más. E a elas eram feitos sacrifícios humanos.

Jovens mutilados também eram entregues a estas deusas macabras, diabólicas.

Madona Isis foi amada por Cipriano e a ele fez esta reza famosa, que serve para propiciar bons casamentos:

Reza a Ísis, a grande-mãe

Madona da vida, dona da fecundidade, que com tuas águas trazes a vida. Dona das estrelas, da lua cheia, que com tuas mãos trazes o verde dos campos, o rubro dos frutos, sê a minha ajuda.

Quando a lua estiver no céu, refletindo a tua beleza, eu farei o sacrifício de minha reza, e acenderei um lume a ti, bela mãe, esposa dentre as esposas (nesse instante da reza, acende-se uma vela).

Assim como o teu culto se propagou por toda a Europa, eu propagarei a tua beleza, ó mãe iluminada, imaculada mãe do Egito. Istar e Carmona são teus nomes, mas a paz do teu amor, atributo de teus filhos, será a minha arma. Contigo trarei a paz ao meu lar, terei o meu amado manso, a minha casa luminosa como teus raios de luar.

Descrição de Ísis, a madona antiga

Seu cabelo é coroado. Espigas de milho adornam a sua cabeça, assim como tranças de cabelo. Tem também na cabeça uma esfera que representa o mundo. Ísis manda no mundo botânico. Traz duas serpentes, que simbolizam a dupla força criadora da lua e sua senda luminosa.

Na mão tem um balde (as cheias do Nilo) e um sistro. A túnica fulge de todas as tonalidades da lua. Ela é a rainha do firmamento. E assim devemos pedir à lua tudo o que desejamos, dizia Cipriano, do alto do Monte Arará, olhando amoroso para a estátua de Isis, sua mãe e sua senhora.

Os triângulos poderosos e luminosos de Ísis

Plutarco, filósofo cujo pensamento foi muito marcado pelo de Platão, e pela Magia Oriental, refere-se em termos misteriosos à Sagrada Trindade de Isis, Osíris e Hórus.

Para ele, e depois para Cipriano, que a estudou, significavam a Inteligência, a Matéria e o Cosmo. É o mais perfeito triângulo, cujas proporções exprimem um segredo divino: a base igual a quatro; é Ísis o elemento procriador feminino. A vertical igual a três é Osíris, o princípio criador masculino. E a hipotenusa, cinco, é

Hórus, a descendência. Assim, o triângulo, forma da pirâmide, tem este simbolismo. E, se usarmos um triângulo de aço, estamos na vibração mais elevada que existe.

Em várias épocas Ísis aparece. Na Revolução Francesa, Robespierre, numa vaga recordação dos mistérios de Isis, ateou o véu que cobria a estátua gigantesca de uma mulher, Ísis, cujo poder criador era, então, interpretado como a razão, a fomentadora de progresso. A ele os magos brancos fizeram uma ladainha:

Ladainha maravilhosa

Ó estrela dos céus,
Ó maravilhosa Santa Isis,
Senhora da lua,
Senhora das águas,
Protegei-me.
Ó madona branca,
Meiga deusa lua,
Dai-me amor,
Dai-me fecundidade,
Fazei-me instrumento de paz e de alegria
E que eu seja mãe e esposa
radiante como os teus raios.
Assim seja.

Talismã gnóstico significando a força da magia.

PARTE X

Correntes e feitiços negros comumente usados por São Cipriano

Tomem-se 13 folhas de papel branco e escreva-se a mão, em cada uma delas, a carta cujo teor daremos após esta explicação.

Tiram-se, portanto, 13 cópias iguais. Conseguem-se 13 nomes completos, e mais os respectivos endereços corretos, de 13 pessoas, as quais podem ser conhecidas ou desconhecidas, mas que não sejam amigas íntimas, tampouco parente de quem vai fazer a fabulosa corrente de Cipriano. Para cada pessoa manda-se, pelo correio, uma cópia da carta. Não se deve mandar na carta o nome e o endereço da pessoa que iniciou a corrente. Só Cipriano sabe quem começa a corrente poderosa.

Assim, a pessoa que recebe a carta não sabe quem a mandou. Só recebe a mensagem.

Eis as palavras que se devem escrever em cada carta:

"Ser humano, meu irmão, aflito ou alegre.

Escrevo-te para que as forças magnéticas te envolvam neste momento. Peço-te que tires 13 cópias e envies cada uma a pessoa de tua confiança, sem, no entanto, assinares as cartas. Estarás, assim, entrando em contato com Cipriano da Antioquia.

Muitas pessoas que quebram esta corrente sofrem penas, perdem dinheiro ou até não conseguem mais o que desejam. Não mandes dinheiro, manda só um pouco de tua força magnética e uma oração. E estarás mandando vibrações a estas pessoas e envolvendo-as na força de Cipriano.

Faze um pedido ao enviar estas cartas e, ao terminares, com certeza serás atendido.

Também podes começar a corrente só após teres teu pedido realizado. As forças de Cipriano estarão ao teu alcance, irmão."

O hábito de fazer correntes milagrosas foi muito usado antigamente, e houve casos em que coisas realmente impossíveis foram conseguidas com o uso de correntes milagrosas.

Oração das treze coisas para amolecer corações

Uma é a casa santa de Jerusalém onde Jesus nasceu.
Duas são as tábuas em que Moisés recebeu a lei que nos governa.
Três são os cravos da Paixão.
Quatro são os Evangelhos.
Cinco são as chagas.
Seis são os primeiros selos que o Cordeiro abriu no Apocalipse.

Sete são as cartas que São João no Apocalipse escreveu às sete igrejas da Ásia.
Oito são as primeiras epístolas de São Paulo.
Nove são os coros de anjos que para o céu subiram.
Dez são os mandamentos da Lei de Moisés.
Onze são as onze mil virgens que estão em companhia dos céus.
Doze são os doze santos apóstolos.
Treze são os reis que tudo quebram e amansam, assim hei de quebrar e amansar o coração de (fulano ou fulana) para mim. Assim foi e assim será.

(Esta reza é poderosíssima, portanto só deve ser usada quando se estiver certo(a) de seus sentimentos.)

Reza das sete chaves de Salomão

O Templo de Salomão foi um dos mais belos da Antigüidade. Lá os grandes magos trabalhavam e faziam seus sacrifícios de suaves odores.

No templo, Salomão resolveu instalar sete chaves que abriam sete arcas, com sete segredos cada uma. Estas sete chaves, diz o povo, abrem quaisquer portas. São elas de cobre e cada uma tem um sinal cabalístico desenhado a fogo. A reza dessas sete chaves é a seguinte:

"Em nome de Salomão e de suas sete arcas de segredos, eu peço que (fulano/a) seja derrubado. Com as sete chaves de Salomão eu destruo a força de (fulano/a) e o desterro do meu caminho. Ele(a) terá olhos e não me verá. Terá boca e não me falará. Terá forças e não poderá comigo, e eu que tenho a maravilhosa força da chave um, da chave dois e das outra cinco (pentagrama) chaves, terei tudo o que é de (fulano/a). Pelas colunas do templo, pelas esfinges santas. Será assim."

Magia com moedas e notas

Pode-se fazer uma magia das bruxas da Caldéia para se aumentar o dinheiro.

Faz-se do modo seguinte:

> Pega-se uma moeda corrente. Coloca-se debaixo de uma pedra mármore virgem, usada só para este fim.
>
> No dia seguinte, vai-se à missa e pega-se água benta. Leva-se para casa esta água abençoada pelo padre.
>
> Molha-se com esta água a moeda que esteve embaixo de uma pedra mármore e deixa-se nesta água por sete dias. Deve-se usá-la no bolso e não se trocar esta moeda por nada. Ninguém deve saber que ela está lá.

Os meses melhores para se fazer esta magia são fevereiro, março e outubro.

Cartomancia cruzada, um segredo gitano

Para se ler as cartas deve-se conhecer o valor delas, pela cartomancia cigana. O baralho que hoje conhecemos e que se usa tanto para jogar como para ler as cartas nasceu no Egito. Lá os sacerdotes egípcios, para ocultar segredos ou Arcanos, esconderam esses segredos em 22 lâminas de ouro, e a esse baralho chamamos *Tarô*, o Baralho Mágico.

Este *Tarô* é para Papus, ocultista francês, o maior livro do mundo e também o mais antigo. É formado de 22 lâminas simbólicas. Dele nasceu o baralho comum. No baralho atual, o significado para ler o futuro é o seguinte:

O baralho, composto de 40 cartas, deve ser passado em água do mar, ao meio-dia de sexta-feira, antes de ser usado magicamente, diz Lagarrona, bruxa-irmã de Bambina.

Devemos dizer antes de ler as cartas: que os espíritos gitanos vos ponham virtude.

Valor das Cartas

Número/Naipes	Ouros	Copas	Espadas	Paus
Ás	promessa	constrangimento	paixão	vício
Dois	matrimônio	reconciliação	correspondência	traição
Tres	mimo de amor	simpatia	lealdade	desordem
Quatro	apartamento	banquete	em casa	levianidade
Cinco	sedução	ciúmes	enredo	fora de casa
Seis	fraca fortuna	demora	brevidade	cativeiro
Sete	riqueza	surpresa	desgosto	dificuldades

As figuras reais

Reis, valetes e damas são os reais figurões do baralho. Nasceram essas figuras na Idade Média. Os reis e os valetes representam personagens masculinos. Se o consulente for homem será o rei de ouros, se for mulher será a dama de ouros e, neste caso, o rei de ouros será o namorado da consulente. O valete de copas simboliza um rival. O valete de espadas representa um homem que trai, que destrói o casamento.

O modo de abrirmos o baralho é de oito em oito cartas, ou, então, em cruz.

As pedras e os cristais usados por São Cipriano

Todo ser humano emite vibrações. É o que chamamos de *Aura*. A aura tem cores, freqüência, ondas maravilhosas. Os videntes vêem a aura a olho nu. A máquina já fotografou a aura. Quando um médium "incorpora", a sua aura muda de cor, pois se envolve na vibração do espírito elemental ou Orixá.

Com pedras mágicas, podemos mudar a vibração de nossa aura. Assim, saiba usar as pedras e os cristais seriamente; cada pedra, cada metal tem um poder. Conhecendo este poder, você estará protegido.

Pedras, cristais e suas propriedades

Água-marinha	faz harmonia entre os casais.
Granadas	contra dem. e mau-olhado.
Magnetita	talismã que atrai dinheiro.
Opala	ativa as qualidades ou a parte negativa de quem a usa. É perigosa.
Ágata	cura febres.
Esmeralda	corta demanda.
Jacinto	protege das pestes.
Coral	atua contra infecções.
Safira	pedra do céu. Para os do signo de Sagitário.
Ametista	para os do signo de Peixes.
Turquesa	para os do signo de Aquário.
Jaspe	para os do signo de Áries.
Topázio	para os do signo de Gêmeos.
Sardoniz	para os do signo de Escorpião.
Pedras verdes	para os do signo de Câncer.
Cristal de rocha	para os do signo de Leão.
Feldspato	protege nas viagens marítimas.
Pedra marrom	para os que querem ter personalidade forte.
Rubi	para os que precisam de forças espirituais.

PARTE XI

O célebre encontro de Cipriano com Gregório

Estando São Gregório numa igreja pregando a palavra santa, passou Cipriano e, quando defronte do santuário, exclamou em voz bem alta:

– Que impostura é esta, indigente? Que patranhas são estas, assim, logo pela manhã?

Uma pessoa que orava respondeu-lhe, entre rezas e lágrimas:

– É Gregório, o santo homem, que está pregando a palavra de Deus.

– Qual é o deus que este homem está adorando?

Gregório ouviu tudo e, largando o livro, virou-se para Cipriano, que em belas roupas reluzia:

– Quando deixarás esta vida de pecado, homem?

– Jamais eu a deixarei, pois esta é a boa vida.

– Vida de pecado e podridão, e que leva ao Nada – disse o santo.

Mas a ira de Cipriano logo se fez:

– Que deus é este, o dos cristãos?

– É o único e verdadeiro Deus. Nada foi feito sem Ele, só Ele pode ser adorado, e não os falsos ídolos, as tolices de uma vida vazia e malévola.

Cipriano gargalhou... e atrás dele vinha uma turba de bêbados.

Mas ele não sabia que, em breve, também seria cristão, feliz e manso como um cordeiro.

Elvira Justina a tudo escutara. E de felicidade sorria, pois sabia que Cipriano se converteria e que seria um limpo de pecado...

O caminho da bem-aventurança

A formação de impérios antigos estreitava cada vez mais os contatos entre as nações da Babilônia, do Egito e da Pérsia. E Gregório e seus aliados foram em parte os grandes criadores da seita dos Gnósticos, para a qual Cipriano entrou depois de convertido.

Nos manuscritos, raros desse teimoso Cipriano, temos uma receita maravilhosa para adquirir a bem- aventurança. É *Pistis Sophis* ou Fé e Sabedoria.

Os círculos que a alma tem que atravessar para chegar ao céu

Felipe, o apóstolo, disse a Cipriano:

"A alma tem que atravessar Evos, círculos de poderes e virtudes celestiais, até chegar ao céu. A cada passo, a alma entoa uma confissão para galgar mais um evo. E para ajudar a alma a subir, deve-se rezar a confissão", disse Felipe.

Reza para ter bom sucesso, segundo os gnósticos

O Irineu Gnóstico escreveu esta reza que deve ser cantada três vezes ao mês.

"Ó anjos do céu, governantes da Terra. Ó anjos que morais no firmamento até a área lunar, guiai-me pelo filho de Coronte, por Hipólito, dai-me a paz."

Esta reza deve ser feita com um copo de água ao lado e depois deve-se despejar essa água em água corrente.

PARTE XII

As orações ~ chave da felicidade

Oração a Santo Onofre

(patrono das viúvas e solteiras)

Bem-aventurado Santo Onofre, animado da mais sincera fé em vossa promessa de que concederíeis uma graça a quem implorasse com confiança, e que vosso olhar se voltaria sobre as viúvas e solteiras, vossas devotas, venho pedir-vos não desampareis (fulana).

Assim como pedistes três graças a Nosso Senhor Jesus Cristo, nas portas de Roma, assim eu vos peço três favores.

Protegei os solteiros e a mim. Amparai os viúvos e a mim. Custódia dos casados, sede também o meu guardião.

Pela Santíssima Trindade, pela paixão. Amém.

Oração a Santo Elesbão
(Patrono dos operários)

Deus, Justo e Onipotente, contrito eu me confesso a Santo Elesbão, eu, que sou operário, e confio na Justiça Divina.

Santo mártir Santo Elesbão, vós que jamais desfalecestes em amor à justiça, vós que lutais pelos pobres e operários, atendei os meus rogos e fazei com que eu tenha um ordenado justo com o meu merecimento.

Vinde em auxílio dos oprimidos, santo mártir, nesta hora de dificuldades financeiras. Amém.

Coloca-se um copinho de aguardente ao lado da imagem do santo. É um hábito antigo e que traz dinheiro.

Oração a São Sebastião
(Contra os flagelos)

Sinal-da-Cruz.

Glorioso mártir. Pelas sete flechas com que fostes flechado, pelas sete pedras qüe te foram lançadas, pelas sete grutas que os cristãos ergueram em teu nome, eu te peço, ajudai-me contra as pestes e más influências.

Comandante dos guerreiros e dos emplumados espíritos, guarda a minha casa e as casas de meus amigos, com a sua flecha e a sua lança armada. Amém.

Reza-se a seguir um Credo. Flores vermelhas são usadas para agradar a este santo glorioso, protetor do Rio de Janeiro.

Oração a Nossa Senhora dos Navegantes
(Para os que vão fazer viagens por mar)

Ave Stela Maris, virgem poderosa e meiga, que conduz os navios nas ondas serenas e pesadas. Ave estrela do céu, que com seu manto guarda os que caminham pelo mar profundo. Quando as seis horas soam, quando o Angelus toca, ó senhora do mundo, dos caminhos e das estrelas, guarda os que navegam, ó mãe de todas as sereias e de todas as estrelas. Amém.

Esta reza faz-se às seis horas da tarde, junto a uma rosa branca, contritamente.

Oração ao glorioso São Jorge
(Contra todas as ciladas dos inimigos)

Sinal-da-Cruz.

Jesus adiante, paz e guia, encomendo-me a Deus e à Virgem Maria, minha mãe, aos 12 apóstolos, meus irmãos, e a São Jorge Guerreiro da Capadócia.

Andarei neste dia e nesta noite cercado pelas armas de São Jorge. O meu corpo não será ferido, nem preso, nem meu sangue derramado.

Meus amigos não serão feridos, nem afastados, nem seu sangue derramado. Andarei livre como andou Jorge, montado em seu cavalo branco, galopando pelas ruas de Roma, e vencendo a todos. Meus inimigos não me tocarão nem terão força alguma para me ofender. Assim seja. Pelas legiões de guerreiros. Amém.

Esta reza é maravilhosa; faça uso dela sempre e será feliz.

Prece da serenidade
(Para obter a paz)

Senhor! Dá-nos a coragem necessária para resistirmos às tentações. Que a nossa alma receba, neste instante, as Tuas bênçãos como um tônico a fortalecer a nossa fé, a fim de que possamos subjugar, dominar o mundo, caminhando com os pés sobre o solo da Terra, mas vivendo com o coração e os pensamentos nas regiões infinitas do Bem e do Amor. Não nos deixes faltar com a prova de irmãos dos outros homens, da humanidade inteira, mas, também, jamais nos falte a disposição de testemunhar que Tu, Mestre, falas pelos nossos lábios, realizas pelas nossas mãos, amas pelos nossos corações... De que Tu vives em nós e nós vivemos em Ti.

Saudação à antiga Cruz de Caravaca

Salve Santo Lenho, que, pela vontade sublime, os anjos trouxeram da cidade de Jerusalém.

Salve, madeiro de Lorena, forte e poderoso, faça com que eu esteja a salvo das perfídias dos que não me aceitam, e que haja o perdão de meus pecados.

Pela força da Cruz. Assim seja.

Oração a São Crispim e Crispiniano

São Crispim e São Crispiniano, servos de Deus e de Nossa Senhora, assim como por intermédio de Maria Santíssima alcançastes as três graças do Bem, assim, também, eu vos peço três graças (diz-se aqui as três graças que se quer).

Vós que sois grandeza, bondade e força, dai-nos estas três felicidades celestes, e mais a concórdia e a confiança.

São Crispim e Crispiniano, ajudai-nos. Amém.

Acendem-se três velas – uma azul, uma branca e uma rosa – e fazem-se os três pedidos. Devem-se acender as velas em local limpo, de preferência num altar sossegado ou longe de muitos olhos alheios.

Oração para defumar a casa

Enquanto se defuma a casa, dir-se-á a seguinte reza forte:

"Defumo esta casa, em louvor de Deus e dos bons espíritos. Santíssimo nome de Jesus esteja nela. Com incenso, benjoim e alfazema eu defumo a minha casa para livrá-la dos inimigos e das fraudes. Assim como os *Reis Magos defumaram o Menino*, eu defumo tudo, pelos quatro cantos, pela entrada e pela saída, pela porta da frente e dos fundos. E todo o mal sairá. Assim seja."

Ao defumarmos uma casa, devemos, primeiro, ler a reza na porta, depois ir andando e cruzando os quatro cantos de cada aposento.

A defumação sempre foi usada em todas as casas, e em todos os templos. Ela propicia o afastamento dos males e faz o bem ir entrando pela porta.

Oração para o arrependimento

Ó Jesus, piedoso senhor, torna-te a mim, torna-me Teu servidor. E perdoa-me por todos os erros, aflições e desatinos que tenho cometido. Assim seja.

Reza para benzer espinhela caída

São Pedro fez sua casa com quatro janelas. Duas para o mar, e as outras para o mato. Com estas quatro janelas eu levanto os quartos desta pessoa (diz o nome) e a curo do mal de espinhela caída. Pelas quatro janelas. Amém.

Grande oração a São Martinho

Nos templos da Fenícia, onde os deuses eram adorados com roupas de púrpura e véus de Isis, foi instruído Martinho, o mago.

Aos 13 anos, no entanto, ele teve uma nova vida, pois avistou a figura de um anjo. Desde então, passou a ser cristão. Sua reza, só agora descoberta, tem o poder de dar àqueles que desejarem com muita vontade o seu amor devolta. Use-a contritamente:

> "Amor, sublime aspiração da criatura, vinde a mim. Eu estou só e triste, pois meu amor está longe, e não me procurou. Assim, pela força de São Martinho, eu peço que meu amor compreenda que só eu (a/o) amo, e venha man-so como um pássaro aos meus braços."

Reza dos grandes feiticeiros baianos

Quando Cipriano pegava a sua bola de cristal, ou apenas uma bacia com água, podia ver tudo além do tempo. Conta a lenda que, certa vez, ele viu a Bahia, num tempo futuro, e de lá tirou esta reza fortíssima. Vamos vê-lo entre retortas e amuletos, na sua visão grandiosa.

Aqui está o mar. Negras pedras de alicerces do trapiche são banhadas pelas ondas. A água passa por toda a Bahia, derrama-se em cascatas de Oxum, em rios mansos e chuvas. Sob a lua, no alto de um rochedo, o feiticeiro, discípulo de Cipriano, faz a sua reza.

> "Na noite de paz da Bailia, quando soam os atabaques e os zabumbas, pela fé de São Cipriano e de São Gregório, quando os sinos já soaram a Ave-Maria, eu, discípulo, peço as três coisas prometidas por Cipriano da Antioquia.
> 1. Que eu tenha sempre a comida, a casa, a roupa para vestir.
> 2. Que meus inimigos não me toquem nem por bala, nem por faca, nem por língua malvada.
> 3. Que minha vida seja sempre de alegria e luta, na força de quem tem fé. Assim seja."

Oração a São Julião Hospitaleiro
(Protege os que precisam de morada)

São Julião, segundo as lendas católicas, tinha prazer em caçar. Não apenas para se alimentar, mas também para satisfazer seu prazer de matar os animais. Era Julião, portanto, um caçador. Mas, certa vez, quando ele encontrou um *veado negro*, sua vida se modificou.

O veado o ensinou que os animais têm alma e que não há prazer em matar. E desde este dia ele se converteu.

Deixando o lugar onde morava, tão assustado estava com as previsões do animal, ele some sem deixar vestígios. O tempo passa. Lá muito longe, no abandono do seu lar, seu irmão o encontra. Ele era agora um ermitão e vivia da oração. Só comia frutos silvestres.

Certa noite, uma tremenda tempestade estruge. Raios, trovões, se sucedem, e os animais da selva fogem espavoridos. Então, Julião começa a salvar os pequenos animais que não podiam correr da chuva. Daí vem seu nome São Julião, o *Hospitaleiro*.

Reza forte de Julião

"Bem-aventurados sejam os que amam os animais, pois deles nos vem tudo de que necessitamos: a lã, a carne, a amizade. Bem-aventurados sejam os que amam as árvores, pois delas nos vêm a cama, a casa, a arma. Bem-aventurados sejam os que preservam a *natureza*, pois ela reflete a verdade da Criação."

Reza encontrada num pergaminho do século 10, em Carmona, na Itália.

Grande reza da lua

Quando a lua estiver bem cheia, ponha-se do lado de fora de sua casa, de preferência num mato ou numa clareira, e faça esta reza, que é para abrir os caminhos:

> "Ó Lua, grande mãe da fertilidade, que reges as marés, a vida e a luz da noite grande, faze de mim, de minha gente, a gente de Deus. Na força do Bispo de Cartago, de Julião e de Catarina, a Velha, que eu tenha bondade para conseguir o que desejo."

(Olhando para a lua, contritamente, faça seu pedido mental.)

Não se deve fazer esta reza na lua minguante, só na cheia. Assim como não se deve fazer esta reza na lua nova. Não se deve cortar os cabelos na lua minguante, pois eles não ficarão cheios e belos. Ao cortar os cabelos, deve-se recolhê-los e colocá-los no mar.

Os pedidos feitos à lua devem sempre ser feitos por mulheres, pois os homens devem fazê-los ao sol (masculino, vibrante e quente) e as fêmeas à lua (feminina, dócil e úmida).

Magia é ciência, tem leis e métodos, não faça se não sabe por que motivo faz. A ciência dos magos tem fundamentos. E com o coração puro sua magia será benéfica.

PARTE XIII

Medicina caseira

A *hortelã* era usada por Cipriano para curar dores de cabeça. Servia para defumações quando o enfermo estava passando mal.

Contra a dor de cabeça, cozinham-se as folhas da hortelã miúda e põe-se uma espécie de emplastro grande no local. E reza-se assim: "Com a força de Cipriano eu afasto esta dor de cabeça. Amém."

Contra a dor de dente deve-se botar um dente de alho machucado no dente ferido. A dor passará como que por encanto. Reza-se assim: "Esta dor passa na força do alho, que é quem corta demandas. Por Cipriano e Évora. Assim seja."

Para disenteria usa-se uma infusão feita com broto de goiabeira. É de efeito imediato e o doente se restabelece logo ao ingerir a beberagem.

Para vermes deve-se comer coco cru ou sementes de abóbora cozida. E reza-se assim: "Vermes, saiam, pois meu corpo é um tabernáculo e uma fonte de luz."

Para diabetes, mandacaru, que, em infusão, depois de descascado, corta logo o diabetes.

Erva-cidreira acalma os nervos e cura os rins. Faz urinar bem e limpa a urina, mesmo que ela esteja com um pouco de sangue.

Para pancadas, água quente com sal, depois de passados sete dias. Nos primeiros dias só se põe gelo.

Xarope de maracujá combate o nervosismo. Toma-se como água várias vezes por dia. Para os nervos reza-se: "Andarei tão manso como São Marcos e São Manso andaram nos tempos em que estavam na fé de Deus."

Compressas de vinagre curam pancadas. Alho socado cura febre, se ingerido aos poucos.

Casca de romã cura doenças da garganta e doenças da barriga de senhoras.

Folha de aroeira cura também doenças de garganta.

Para dores de cabeça põem-se folhas de saião na testa e amarra-se um pano.

Para os males do intestino, chá de louro. Receita de São Cipriano.

Reza de São Cipriano

Eu, Cipriano, servo de Deus, a quem amo de todo o meu coração, com meu corpo e minha alma. Pesam-me todos os erros que cometi e que cometem contra Vós. Agradeço-Vos, Senhor, pelas graças adquiridas. Dai-me forças para livrar aqueles que necessitam de mim: da maldade, da doença, da injúria e do sofrimento. Por todos os que vivem e reinam nos céus. Amém.

PARTE XIV

Secretíssimos ensinamentos dos magos a Cipriano

As Ciências Ocultas e seus Maravilhosos Efeitos – São chamadas ocultas as ciências nas quais intervêm efeitos maravilhosos e sobrenaturais, em contradição aparente com a ciência experimental.

São Cipriano, Nostradamus, Paracelso, Joana D'Arc conheceram estes fenômenos, onde o maravilhoso atua em grande parte e onde até verdadeiros prodígios podem ser feitos.

O nome de ciências ocultas nasceu porque seus adeptos se ocultavam para praticá-las. Eles muitas vezes foram assassinados, ou perseguidos, e procuravam ocultar-se cada vez mais.

Mas a verdadeira ciência oculta nada tem de terrível. Ela vem da *Caballa*. E nada tem em comum com a Magia Negra. A Magia Negra é uma degeneração da

Ciência Oculta. Sua origem é atlantiana, ou melhor, veio de Atlântida, um continente mágico que havia no Oceano Atlântico e que foi tragado pelas águas e pela lama. Os sacerdotes da Serpente Vermelha, uma sociedade secreta dedicada à Magia Destruidora, fizeram tanta magia perniciosa que causaram o afundamento de Atlântida. Lá, em Posseidonis, os magos vermelhos iniciaram-se nos estudos da magia negra. Os restos destes feitiços se espalharam pelo Egito, pela região do Tigre e do Eufrates. E na Idade Média a Magia Negra campeou com muita força. Sacrifícios até de crianças foram feitos. Imolavam-se inúmeros animais, como o bode, o galo, o touro negro.

As Ciências Ocultas são transmitidas de geração a geração, e só aos que provam ter dons de guardá-las carinhosamente. São Cipriano, por exemplo, não aceitava adeptos. Ele procurava fazer tudo sozinho. Na índia os maiores magos foram ligados ao símbolo *Adda-Nari*; eles recomendavam o maior segredo aos que estudavam os arcanos da velha magia.

Loucos, desequilibrados, dedicaram-se à bruxaria e faziam os *Sabahts*. Não se invocavam então os gênios, os seres do ar (silfos), da terra (gnomos), do fogo (salamandras) e das águas (nereidas). Estes seres são delicados, de uma vida muito sensível, e para lidar com eles o mago deve estar puro, com uma veste alva, branca, e deve também trazer junto a si o Punhal Consagrado.

Os magos e os adivinhos sempre foram considerados gente superior, mas de espírito delicado. Nostradamus, o grande vidente, deixou-nos as Centúrias e Cipriano legou-nos este Livro Vermelho, para que, nas entrelinhas, vejamos as verdades camufladas.

Os livros sagrados dos gregos, dos persas, dos romanos ensinavam as fórmulas para a invocação desses seres, sem os quais não se pode fazer uma magia natural perfeita.

Há exercícios que fazemos para adquirir a vidência, a premonição, a captação das verdades cósmicas. Um desses exercícios, o mais antigo, é o da meditação. Vejamos:

Receita para a meditação que atrai seres poderosos

Deite-se em um local sossegado, onde a claridade seja pouca. Ponha um defumador de incenso puro a queimar. Relaxe bem o corpo, até que a calma tome conta de todos os seus músculos. Repouse o cérebro, pensando apenas em um grande globo de cor azul. Pense, a seguir, no mato, cheio de luz e de ervas frescas. Pense depois na chuva, no cheiro bom da erva molhada. A seguir, inspire o incenso com toda a força e pense que está apto a entrar em contato com os seres imateriais da Natureza.

Faça isso diariamente, sempre à mesma hora, e verá, aos poucos, como o contato se fará.

"Muita intuição terá no seu corpo mental", diz Cipriano em seus pergaminhos.

A luz azul do céu pode regar sua mente

Nas escrituras de São Cipriano fala-se de um modo de usar a luz do céu como fonte para adquirir a vidência. A receita é a seguinte:

Num sábado, quando o dia clarear, acenda uma vela para Santa Clara e espie o céu. Começará a ter visões, e seu futuro se cleareará. A visão é algo particular. Não se deve comentá-la, caso contrário se perderá o dom da vidência.

A pitonisa de Endor e São Cipriano

A *Bíblia* fala freqüentemente de adivinhos, de magia e de pitonisas. A pitonisa de Endor é uma das maiores feiticeiras, segundo a *Bíblia*. Ela teve um encontro místico com Cipriano da Antioquia. A verdade é que para os hebreus, Deus tinha proibido a consulta a pitonisas, pois diziam os hebreus que elas eram possuídas por Piton, a Serpente do Mal. Entretanto, o cajado de Abraão tinha recebido virtudes sobrenaturais.

Uma velha receita, forte por certo, é a da pitonisa de Endor:

Para banhos, que em limpeza astral fazem com que seu possuidor adquira a vidência, o recomendado é o seguinte:

Carqueja; cravo branco; mãe-boa; pinhão roxo; guiné; cravo vermelho; perfume de alfazema; água de flor de laranjeira.

Faz-se este banho por sete vezes e pronuncia-se a reza para abrir caminhos, de Cipriano Feiticeiro.

"Em nome de Cipriano e da pitonisa de Endor, pelas sete chagas da feiticeira de Endor, pelas sete luas que a Terra já teve, pelas sete tribos de Israel, que eu tenha dons certeiros e benéficos de vidência."

As artes divinatórias descritas por Endor a Cipriano

Artes divinatórias são as que nos revelam o passado, o presente e o futuro. Antes de surgir a Igreja, as artes divinatórias eram feitas por verdadeiros agentes do governo, homens do faraó, videntes pagos para ajudar ao povo. Depois, eles tiveram que se ocultar. E seus livros, escondidos a sete chaves, só agora podem ser novamente reeditados.

A Necromancia era muito praticada, e os cadáveres eram vilipendiados, para a feitura de talismãs com ossos e para a consulta aos mortos.

A Quiromancia era a mais usada das artes divinatórias. Nesta obra a revelamos. A Onirocrisia, ou adivinhação por meio dos sonhos, até hoje resiste. Mas o baralho Tarô, de 78 lâminas douradas, é talvez o mais completo método de adivinhar, o mais claro e o mais inteligente.

A civilização moderna nos deu a Grafolofia, ou o estudo das letras, que não era desconhecido de São Cipriano, mas que é verdadeiramente complicado.

Para os que pretendem ter os dons das artes divinatórias, Cipriano pedia que se fizesse esta prática:

Receita para adquirir dons divinatórios

Sete grãos de sal; sete espadas-de-são jorge; sete galhos de arruda macho; sete pedras d'ara; sete folhas de abre-caminho; sete velas negras; sete figos secos (dedicados a Endor); sete pedras, uma de cada cor (nas cores do arco-íris); sete laços de corda.

Colocar tudo ao pé de uma pedreira. Por certo, esse trabalho deve ser feito numa sexta-feira, na hora grande.

Os animais sagrados

Os egípcios tinham um respeito tão profundo por Deus que, além de adorá-lo, simbolizavam o Deus Único por divindades secundárias.

O povo, no entanto, chegou ao fanatismo, entregando-se a práticas supersticiosas, principalmente com os animais sagrados, práticas que foram exploradas pela classe sacerdotal, mas nunca pelas classes instruídas, como a dos escribas.

Foi dentre os escribas que Cipriano colheu muito da verdade egípcia, mas, como era um fanático, deixou- se levar pela magia negra dos menos cultos.

Numa das galerias secretas dos bruxos egípcios, ele colheu a relação dos animais sagrados:

Leoa: Deusa Lezhet
Chacal: Deus Anúbis
Hipopótamo: Taoeux
Gata: Deusa Basta
Ave: Osíris
Escorpião: Deus Set
Escaravelho: Kephra

O *urso* seria, ao mesmo tempo, o símbolo divino e o real. O *abutre* era o emblema de Maut e da maternidade. Havia um *macaco* consagrado a Thot Lumus. Com este animal se alimentavam os templos; ele, porém, tinha os olhos vendados durante a conjunção do sol e da lua.

Thot era simbolizado pelo *Íbis*; o *carneiro* era símbolo de Amon-Ra. Esse Amon era o grande deus do Egito.

O *gavião* era Hórus; a *Fênix* simbolizava a astrologia; e a *serpente* era o símbolo do poder que cria e destrói. Desses cultos nasceu uma superstição com certos animais, e Cipriano afirmava sobre isto: gato preto dá azar, principalmente se avistado numa sexta-feira. Camundongo dá azar, e ter roedores em casa também. Ter periquito verde dá sorte, principalmente se for achado ou roubado, não comprado. Ter cães é bom, mas se eles estiverem sarnentos não se deve tê-los em casa. A pluma do ganso macho possui todas as virtudes da magia, mas deve-se assegurar bem de que seja macho e adulto. Será sacrificado no dia de Júpiter, à meia-noite, em lua cheia, dizendo-se assim: "Eu te sacrifico, ó ave sem par, nesta hora solene, em honra dos deuses."

Segredos da varinha misteriosa e da bolina de Cipriano

Para formar esta varinha mágica de que se servia São Cipriano, devem ser executadas as mesmas operações usadas para a varinha mágica, no dia de Júpiter, na Hora Grande. E o dia deve ser o dia de Mercúrio.

A pessoa que vai usá-la deve ter o corpo puro neste dia, abstendo-se de relações sexuais, de comer carne ou tocar em vinho.

A adaga, instrumento do mago, só deve ser usada pelo Mestre da Magia; é feita de aço, e seu cabo de madeira branca puríssimo. Já a bolina será feita de madeira, numa quarta-feira, e consagrada com água de rosas.

Só os que conhecem o poder dessas coisas sabem o tesouro que estamos aqui revelando, neste livro vermelho, dos pergaminhos de Cipriano.

Para se preparar esses instrumentos da Alta Magia, deve-se fazer esta reza secretíssima:

"Ó poderoso Senhor, suplico a vossa intercessão para que deis a esta vara a virtude e a graça que possuís pelos séculos e pelas verdades."

Em seguida, asperge-se água clara de um rio limpo, apanhada num domingo.

Não se recomenda aos que nada têm de dons natos de magia o uso da consagração dos objetos do mago, pois sem que eles saibam poderão ser induzidos ao erro ou ao engano.

Palavra mágica revelada por Cipriano

Screnus Samonicus, médico do século II, sectário do heresiarca Basilídio, encontrou esta palavra mágica e o triângulo mágico formado por suas letras. Este sábio recomendava a seus inúmeros adeptos que escrevessem esta *palavra cabalística* sobre um pedaço de pergaminho virgem, a fim de formar esta Pirâmide Invertida, ou triângulo do poder, representado pela letra grega delta, símbolo das três pessoas da Trindade, da seguinte forma:

ABRACADABRA
ABRACADABR
ABRACADAB
ABRAÇADA
ABRACAD
ABRAÇA
ABRAC
ABRA
ABR
AB
A

Depois de se dobrar o pedaço de pergaminho de tal forma que o escrito ficasse oculto, cortava-se o amuleto em cruz e pendurava-se no pescoço dos doentes com uma fita de linho.

Triângulo mágico de Levi

O triângulo mágico dos teósofos pagãos é formado da seguinte maneira. As letras combinam-se representando uma Chave do Pentagrama. O *A* é repetido cinco vezes. E trinta vezes no triângulo completo. Dá-se, assim, a figura poderosa:

A A A   X V X
 A A   V

O A representa a unidade do primeiro princípio. O *R* é o signo do ternário. E a simbologia aí expressa, a quem entende, é a de Abrahel, nome a ser invocado pelos que professam a magia negra.

Elixires da longevidade

A vida normal do homem, colocado em condições fisiológicas perfeitas, pode atingir 150 anos. Isto quer dizer que se não vivemos todo este tempo é porque não sabemos nos cuidar. Cipriano falava que o vinho, a aguardente, todos os licores, se tomados amiúde, fazem com que o fígado fique enfermo. Condenava, também, as frituras, pois dizia que todas as doenças são geradas pelo excesso de gorduras. Mandava que se tomassem lavagens de água morna intestinais, que se comessem legumes e frutas bem limpos, não se fumasse, que não se praticassem excessos sexuais e dizia que há elixires para prolongar a vida. Conhecemos vários deles, e, como são de bruxas famosas, estavam em pergaminhos secretos, mas não sabemos ao certo seu poder.

Elixir de Isabel Biesco

(Viveu 120 anos. Conheceu Cipriano.)
Cascas de quina em pó, uma parte; cascas de laranja, raiz de laranja, alcoolato de lavanda e xarope de açúcar mascavo (preto).

Elixir da bruxa Bambina Boti (italiana)

Sete partes de água, hortelã, anis, óleo de ianim e maracujá (fruta).

Todas estas receitas foram encontradas nos pergaminhos secretos. E todos falavam da necessidade de se dormir no mínimo oito horas por dia e de se fazer três refeições diárias para a perfeita saúde e longevidade.

Signos mágicos de Cipriano para a feitura de pentáculos

As figuras que aparecem nos escritos, amuletos, talismãs – de significado desconhecido para os que não estão familiarizados com as representações simbólicas e hieroglíficas do esoterismo – recebem a denominação geral de signos mágicos. Para Cipriano, signos mágicos eram o coração, a estrela de cinco pontas, a estrela de seis pontas, a cruz, as ondas (das ondinas e nereidas), a seta, o machado, a lança, a espada e a foice.

Também são sinais mágicos os que se fazem com as mãos, com o cetro, a espada no ar, de uso muito freqüente nas conjurações e no cerimonial das evocações.

Simão, o mago, famoso taumaturgo dos tempos de Nero, que teve um encontro com São Pedro e o desafiou, deixou-nos três símbolos mágicos. Eram a serpente de duas cabeças, as tíbias e o triângulo invertido. São símbolos negativos.

Estes *símbolos de Simão* só devem ser usados em bruxaria.

Com eles pode ser feito um fabuloso encanto chamado "Encantamento de Simão", para atrapalhar a vida de alguém.

Encantamento de Simão

Uma serpente de aço de duas cabeças; uma tíbua de aço puro; um triângulo invertido de ferro; sete rosas vermelhas; sete ervas (arruda, guiné, gervão, saião, ervacidreira, matoco, raiz de mandrágora); um pião (chamado de *Rhoumbus* pelos gregos, usado como instrumento mágico por seus sábios) de aço, pequeno e bem limado.

Este trabalho mágico deve ser colocado dentro de uma urna e enterrado. Ninguém deve tocá-lo, pois acaba o encanto.

Trabalhos nas encruzilhadas

Encruzilhada é o lugar onde se cruzam dois caminhos. Nas encruzilhadas, segundo dizia Cipriano, os bruxos se reuniam com freqüência para colocar, ali, suas oferendas ao diabo. Sempre foram considerados lugares propícios para as invocações infernais. Em certos países, são olhadas com horror, principalmente durante a noite.

Segundo o Ritual do Dragão Vermelho, deve-se sacrificar uma galinha preta na encruzilhada.

Para os praticantes dos feitiços africanos, dos ritos de candomblé, xangôs, cateretês, macumbas e catimbós, os trabalhos são realizados na encruzilhada para bem fazer aos que lá moram.

Muitas vezes, a fascinação que esses lugares exercem, na realidade, é apenas sugestão. Faziam-se filtros na encruzilhada para o amor. Um destes filtros foi colhido em Andaluzia pelo mago Erifim. É a sua receita de fácil preparação.

Receita de filtro preparado na encruzilhada

Pó amarra-mulher (ou amarra-homem) para preparar a amarração; pó desmancha-demandas (para desmanchar qualquer feitiço); pó de pemba vermelha ralada; limalha de ferro; uma pedra-pomes; uma pedra de cachoeira.

Levar à encruzilhada e lá preparar o saquinho vermelho, onde estes elementos são colocados.

Esses ingredientes são encontrados em várias casas de artigos de ritual de magia e umbanda.

Trabalhos com a flor de louro e a mirra, em Botânica Oculta

Sabe-se que o loureiro é uma árvore sagrada e que produz efeitos opiáceos. Para se praticar a dafnomancia existem dois processos, dizia Cipriano.

Um consiste em dar a uma virgem folhas de louro para mastigar, a fim de se congraçar com os deuses, vindo estes, por seu intermédio, contestar as perguntas que forem feitas. O segundo consiste em lançar ao fogo uma rama de loureiro, fazendo-se as perguntas ao mesmo tempo.

Se as folhas se queimarem é uma resposta afirmativa. Ao contrário, se o fogo demorar ou só tosquear as folhas de louro, é uma resposta negativa.

Outro trabalho com a flor de louro pede que o praticante vá a um campo santo, de madrugada, e lá queime em uma fogueira um ramo de loureiro, e faça as perguntas. Mas, neste caso, as pessoas medrosas, sugestionáveis, não devem preparar a fogueira propiciatória, pois é muito perigoso para os que não têm nervos fortes.

Um enfeitiçamento pode ser quebrado com um banho de folhas de louro. Essa receita é das *pretas-minas de Angola*.

Misturado à mirra, que é uma planta de efeitos teúrgicos, o louro adquire mais força. A mirra se relaciona com o planeta Vênus e, queimada, a sua vaporização é ótima para desinfetar a casa de um doente. Na Botânica Oculta, a mirra foi produzida pelas lágrimas de uma deusa, a deusa Mirra, que se uniu incestuosamente com o pai, gerando o gentil Adônis.

Encontro de Cipriano com o Anjo Custódio

Com suas asas brancas, luminoso e belo, estava o Anjo Custódio nas praias da Antioquia. Era tarde. O sol caminhava para o poente, quando houve o famoso encontro de Cipriano, já convertido ao Bem, com o Anjo Custódio.

Uma bola de luz, grande e azul, circundava os dois. E, entre cânticos, os pássaros abriram-se para Cipriano passar:

– Quem és, Cipriano, em verdade? – perguntou o anjo.

—Porque fui mau não posso ser bom? — disse Cipriano.

—Ou se ama a Deus ou ao Diabo — falou Custódio.

—O homem é feito de claros e escuros, de luzes e sombras, de bem e mal. Cada um dos filhos de Deus assim é. Não tem um caminho só, pisa forte e fraco, erra e se levanta, ama e odeia, fere e salva.

—Sim, este é o erro dos homens, mas está em sua natureza - disse o anjo. — Vai em paz, Cipriano, pois descobriste o real valor do homem — falou o anjo e saiu voando, com suas asas belas e luminosas.

Reza do Anjo Custódio

(Feita para praticar a magia com as almas.)

Senhor, fazei de mim alguém que aceite as mudanças e não reaja. Que eu saiba amar ao meu próximo como a mim, e que, na hora da perdição e do mal, eu saiba parar no instante certo mas, na hora da calma, eu saiba valorizar o Vosso nome.

GRANDE TRIÂNGULO DA VIDA

AÇÃO

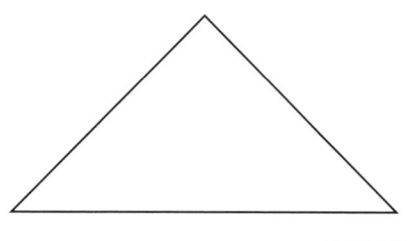

REAÇÃO   CONTINUAÇÃO

Tudo no cosmo, toda a vida se manifesta desta maneira, falaram os sábios do Grande Oriente a Cipriano, em sua voz bela e mansa.

Este triângulo reflete-se nas religiões de todos os tempos, com o nome de Trindade: Pai, Filho e Espírito Santo. Isis, Osíris e Hórus, Buda, Dodisat e Gautama etc. Mas a verdade é a do grande triângulo que apresentamos anteriormente. Assim, Cipriano teve a iluminação, e viu, lá no alto, no brilho das estrelas, a verdade do Criador.

O ouro dos deuses

Sabemos que por toda a parte da Terra, no subsolo, há tesouros enterrados. Ouro puro, moldado em forma de imagens, com capacetes, coroas, capas e serpentes nas mãos, aparecem em todo o globo. Quem enterrou essas peças maravilhosas? Para São Cipriano foram os bruxos, que, com rezas e imprecações, os enterraram. E como desenterrá-los? E como usar esse ouro, que pode até ser maldito?

Pela reza e pelo poder da rainha de osso de camelo.

Pega-se um osso de camelo e com ele faz-se um forcado. E reza-se assim:

"No fundo da Terra há riquezas e belezas, os gnomos moram lá.

No fundo dos poços há pedras preciosas e barras de ouro. Os seres invisíveis moram lá.

No mundo dos cristais há ouro também e pela força dos sete espíritos da Terra, dos sete reis dourados, dos sete serafins de ouro, eu o terei.

Em minha casa não faltará pão, nem vinho, nem ouro."

Reza vinda de Portugal, trazida pelos árabes que invadiram a Península.

Santa Tecla foi, em menina, uma pessoa sempre repudiada. Era feia e não sabia como esconder o rubor do rosto. Os pássaros, no entanto, sentiam atração por ela. Parecia que falava com os bichos da floresta.

Ao crescer, observou, certa vez, sacerdotes druidas falando com o grande carvalho. Eles falavam e pediam dádivas ao grande carvalho. E a ele faziam sacrifícios. Tecla ficou admirada. E passou a assistir a todas as feitiçarias druídicas.

Com eles, foi coroada com a coroa de louros; recebeu a iniciação dos magos no carvalho. E, ao crescer, era procurada por doentes, aflitos, aleijados.

A Igreja, em formação, atacou os druidas, e Tecla ia para a figueira e rezava. Até que, um dia, converteu-se à Igreja e passou a ser chamada de santa por todos.

Em sonhos, Cipriano e Tecla se conheceram. E deste encontro onírico resultou um feitiço fabuloso, para *se fazer amar.*

Feitiço para o amor
(Receita de S. Tecla)

"Neste dia que nasce, e o sol que vem chegando, que eu tenha em mim a força dos carvalhos, a languidez dos rios e a beleza das fontes que cantam ao passar pela Terra. Senhor dos rios, Oxósse Caçador, Rainha das Fontes, luminosas Ísis e Oxum, que eu seja amada como as grandes damas da Idade Antiga, com amor e paixão.

Que eu prenda o coração daquele que amo (diz-se o nome) pela fé, pela luz, pela sabedoria druídica."

Plantas usadas em magia por São Cipriano

Cará – trepadeira grande e glabra usada em magia propiciatória.

Cará-de-Caboclo – usa-se a raiz, que é um tubérculo pequeno, em magia na mata.

Cará-de-Pedra – antiasmática; usa-se em magia curativa.

Cará-de-Terra – usa-se o caule em magia negra.

Caranaí – usa-se o lenho preto em magia negra.

Caratinga-Brabo – usa-se esta trepadeira em magia negra; serve para feitiços de amor.

Cardeal-do-Brasil – usam-se as folhas em bruxaria; serve para atrair fortuna.

Cardo-da-Praia – usa-se o cardo para, abrindo-o, nele colocar-se o nome de alguém a quem se deseja o mal.

Carrapeta – usa-se a flor branca em magia de amor.

Carrapicho – usada em bruxaria para fazer o mal.

Caruru-de-Espiga – dá na Bahia e é usado em cultos mágicos para o mal.

Carvalhinho-do-Mar – usa-se seco em defumações, para atrair bens materiais.

Carvão-Branco – usam-se as folhas em bruxaria.

Castanheiro-da-Africa – o fruto vermelho-vivo serve para feitiços.

Cebolinho – bulbo usado em feitiço, cortado em sete pedaços.

Cedro-Amarelo - na árvore dá-se sete cortes e escreve-se com eles o nome de quem se quer salvar.

Cidreira – usa-se o espinho em patuá contra o olho-grande.

Cipó-de-Areia – usa-se a flor em feitiços, com velas e fitas.

Cipreste-Chorão – dá muito nos adros das igrejas e, por essa razão, é planta das almas. Usa-se em ritos das almas.

Comigo-Ninguéni-Pode – usa-se enterrar debaixo dessa planta um boneco com o nome da pessoa que nos prejudica.

Curuá-Tingá – usa-se a madeira em bonecos de vodu para fazer casamentos.

Dividivi – fornece madeira de arbusto espesso que é usada em bruxarias pelos tempos afora. Há muitos bonecos de vodu feitos com essa madeira.

Égrio – usa-se a semente em garrafadas, não para beber, mas para lavar a casa contra espíritos.

Escada-de-Jacó – usa-se a folha verde e amarela em magia negra.

Espada-de-São Jorge – para afastar maus espíritos.

Espargo-de-Jardim – para banhos de descarga.

Espinheiro-Bravo – usam-se os ramos em defumação ou em forma de vassourinha para varrer a casa de maus espíritos.

Eucaridium – usa-se o fruto em bruxaria para matar.

Eulófio – usa-se a raiz em feitiço do mal.

Guiné – para defumações benéficas.

Cipriano e Clotilde

Eis a história de São Cipriano e Clotilde:

No dia 15 de janeiro de 1009, estando São Cipriano a conversar com os príncipes da Terra, apareceu-lhe uma jovem - Clotilde.

– Tu queres esta jovem mulher para amá-la e tê-la contigo? – perguntaram-lhe os diabinhos.

– Ela é bela e eu a desejo, sim - disse Cipriano. – Mas como fazer o feitiço para que ela me ame, e eu seja seu senhor? – indagou Cipriano.

– Nada há que a magia não possa fazer. Ela se estende pelos processos de invocação, de atração de elementares, da feitura de talismã e de pentáculos e também da feitura de bonecos que andam e falam, que os egípcios chamavam de Terafins.

– No entanto, há coisas que ela não pode fazer – disse Cipriano –, e uma destas coisas é inspirar amor verdadeiro.

– Realmente – falou o diabinho. – Podemos fazer a atração, mas não o sentimento puro e sábio. Este nasce sinceramente e sem que alguém jamais possa interferir.

– Falou com sua boca grande e má um dos demos e ele estava com a razão. Cipriano sorriu e Clotilde saiu de sua presença também sorridente.

Ídolos decaídos, cultos secretos

Quando Cipriano já estava para morrer, os povos descrentes atacaram o mundo. Ídolos foram destruídos, templos abatidos, a filosofia dos magos, proscrita, mas o poder de Cipriano continuava.

Certa tarde, ele andava pelas ruas quando viu um soldado sendo enforcado. Ao chegar perto, viu que ele ainda estava vivo. Pegou-o e levou-o às ocultas e a ele contou segredos mágicos.

Os deuses antigos, reduzidos à condição de demônios pela Igreja, continuavam a ser adorados pelo povo.

Por toda a Grécia e por toda a Ásia Menor, a crença na magia persistia. E São Cipriano, mago e feiticeiro, revelou àquele homem, de quem salvou a vida e que ficou seu escravo, uma perigosa mas certeira magia.

Baco, o rei dos Infernos, ainda chamado de Satã ou Exu e sua mulher, Proserpina, também chamada de Sete Maridos, são os que dão a fortuna, e nas suas pompas e festas saem de seu inundo de fogo e vêm aos homens.

Vénus e Ceres são as divindades de Tártaro ou Inferno. Elas são as mulheres do Diabo e gostam de ser honradas com flores, champanha, rosas, moedas, fitas e velas acesas. Dando-lhes esses presentes, elas a tudo atendem, disse Cipriano ao soldado, que ficou-lhe grato e um verdadeiro escravo.

São Nicolau acalma as tempestades, se acendermos para ele uma vela branca, continuou Cipriano, e contou mais estes segredos:

São Esperidião aplaca os ventos;
São Jorge protege o trabalho;
São Demétrio protege os rebanhos e os homens do campo;
São Hélio protege os que vivem nas montanhas;
Santo Antônio protege os que andam a cavalo;
Nossa Senhora de Epis ajuda nas colheitas;
São Donato, o antigo Aidonau, protege os que estão para receber heranças;
São Pelino protege os fracos;
Santa Fenícia protege os infelizes e torna-os felizes.

Mergulhar a estátua de um santo na água faz com que tenhamos a resposta a algo que desejamos.

Jogar uma moeda em uma fonte e fazer um pedido faz com que o pedido seja atendido.

São Félix faz com que as mulheres fiquem fecundadas e engravidem logo.

Nas noites de fogueira de São João, fazendo-se adivi-nhações, elas sempre serão certeiras, a não ser que a mulher que as fizer esteja "naqueles dias".

Para a plantação andar boa, fazem-se rezas à Santa Clara.

Estas e outras informações foram dadas ao soldado por Cipriano. São preciosas e sábias, pois trazem nelas a verdade de um tempo pagão, onde o instinto era mais importante do que a razão...

Grande invocação ao poder de São Cipriano

Em nome de Cipriano,
E suas sete candeias;
Em nome de seu cão preto,
E suas sete moedas de ouro;
Em nome de Cipriano,
E suas sete canoas;
Em nome de Cipriano,
E de seu punhal de prata;
Em nome de Cipriano,
E de sua montanha sagrada;
Em nome da árvore dos zéfiros
E do grande carvalho –
Eu peço e serei atendido,

pelas sete igrejas de Roma,
Pelas sete lâmpadas de Jerusalém,
pelas sete candeias douradas do Egito,
EU SAIREI VENCEDOR.
Fazer esta invocação com um círio aceso e sete moedas de cobre.
Esta reza deve ser recitada na perigosa hora da meia-noite, mas é benéfica. Faz curas, milagres e benfeitorias.

Este livro foi feito com o objetivo de ilustrar os milhares de conhecedores, praticantes e adeptos das artes mágicas.

Não o empreste, pois ele tem virtudes que são aos poucos captadas pelos seguidores de Cipriano.

Use-o com cuidado, respeito, mas lembra-te de que a fé, só ela, remove montanhas...

Este livro foi impresso em julho de 2014, na Edelbra Indústria Gráfica Ltda., no Rio Grande do Sul, para a Pallas Editora.
O papel de miolo é o offset 75g/m² e o de capa é o cartão 250g/m².